澳大利亚文化研究
Australian Cultural Studies

第**3**辑

主　编 **王光林**
副主编 **陈　弘**

上海外语教育出版社
外教社 SHANGHAI FOREIGN LANGUAGE EDUCATION PRESS

图书在版编目（CIP）数据

澳大利亚文化研究.第3辑/王光林,陈弘主编.—上海:上海外语教育出
版社,2020
ISBN 978-7-5446-5759-4

Ⅰ.①澳… Ⅱ.①王…②陈… Ⅲ.①文化—研究—澳大利亚 Ⅳ.①G161.1

中国版本图书馆CIP数据核字（2020）第061579号

出版发行：**上海外语教育出版社**
（上海外国语大学内） 邮编：200083
电　　话：021-65425300（总机）
电子邮箱：bookinfo@sflep.com.cn
网　　址：http://www.sflep.com
责任编辑：梁泉胜

印　　刷：上海叶大印务发展有限公司
开　　本：787×1092 1/16 印张 7.5 插页 4 字数 151千字
版　　次：2020 年 8 月第 1 版 2020 年 8 月第 1 次印刷
印　　数：1 100 册

书　　号：ISBN 978-7-5446-5759-4
定　　价：32.00 元

本版图书如有印装质量问题,可向本社调换
质量服务热线：4008-213-263 电子邮箱：editorial@sflep.com

编委会名单

主编寄语

　　这一期的《澳大利亚文化研究》显得有点姗姗来迟。回想 2014 年创刊始，我们精神饱满，但这些年来，我们几乎是单枪匹马，探索前行。我们希望在中国和世界之间建立起对话桥梁，增进中澳文化的沟通和了解，给中国的澳大利亚研究提供一个窗口。我们努力了。

　　在本期中，我们继续了传统的"学者访谈"一栏。这一次我们采访的对象是安徽大学的马祖毅先生。已入鲐背之年的马老精神矍铄，思维依然敏捷，从他的谈话中，读者可以感受到老一辈学者的执着和信念，他那么多年持之以恒，从事大洋洲文学研究和中国翻译史研究，堪称青年的楷模，他和胡文仲教授、黄源深教授等的采访谈话必将在中国的澳大利亚文学文化研究中占据重要的历史地位。这一期的文章中有四篇涉及澳大利亚的华裔文学研究。这些年来，华裔文学和华文文学在世界各地崭露头角，形成了世界范围内的华裔文学和华文文学研究热潮。华人至少在 18 世纪就已移居澳大利亚，但是当年也经历了和美国华人一样的遭遇，深受"排华法案"的打击。华人作家钟阿新（Jong, Ah Siug）就曾留下未刊日记手稿（1866—1872），记载了华人的挫折和不幸，后被人整理出来于 2000 年出版。2019 年，澳大利亚悉尼大学出版社首次以中英对照形式出版了华裔澳大利亚作家黄树屏（Wong Shee Ping）1909—1910 在澳大利亚华文报纸连载的小说《多妻毒》（*The Poison of Polygamy*），反映出华人的影响力在澳大利亚逐渐增加。但是在澳大利亚文学史上，真正引起澳大利亚文学界关注的第一人是华裔澳大利亚作家高博文（Brian Castro）。他一生著述很多，多次荣获澳大利亚文学大奖。近年来，澳大利亚双语诗人和小说家欧阳昱也非常活跃，是位多产作家。读者可以从几篇评论中看到华裔文学的创作和发展趋势。日本学者有满保江教授的"怀特后期作品研究"给我们提供了日本学者对澳大利亚文学研究的另外一种视野，促使我们从跨文化的视野去看待和研究澳大利亚的文学文化。陈弘教授的论文"简论蒂姆·温顿小说中的自然与历史主题"让读者看到了蒂姆·温顿小说中的历史和生态意识。近年来，随着中澳关系的起起伏伏，澳大利亚与亚太国家之间的关系也日益引起国内学者的重视，我们的栏目也随之做了些微调。李一舟的文章从地缘政治和自身利益的角度分析了澳大利亚在印尼政治文化中的态度。樊琳的文章"中澳关系视角下澳大利亚中国学发展的不同阶段和特点"则从国别区域研究的视角看待了澳大利亚的中国问题研究现状和问题。萨出拉的文章，"澳大利亚汉语教育的现状与面临的问题"，则以澳大利亚为案例，论述了海外汉语教学面临的现状和存在的问题，这对于中澳文化交流会带来一定的启发，同时也会促使学者进一步思考海外汉语教学过程中的跨文化因素。

展望未来，我们仍孜孜矻矻，砥砺前行。

王光林

目 录

学者访谈

"做别人、前人没做过的事情"
——马祖毅先生访谈 / 1
周小进　马祖毅

文学研究

The Disappearance of Subjectivity in Patrick White's
Later Novels / 9
Yasue Arimitsu

文学文本的未定性与读者的具体化过程
——从读者反应理论视角解读《上海舞》/ 26
王敏芙　颜静兰

简论蒂姆·温顿小说中的自然与历史主题 / 37
陈　弘

《萦系中国》中的跨文化移植和碎片化再现 / 44
王光林

欧阳昱的双语诗写作与双语诗论
——以 *Flag of Permanent Defeat*（《永败之旗》）为中心 / 56
刘玉杰

欧阳昱的诗歌试验室 / 71
路　也

澳洲中国学研究

中澳关系视角下澳大利亚中国学发展的不同阶段和特点 / 84
樊　琳

澳印（尼）关系

澳印（尼）关系中的分离主义问题 / 94
李一舟

汉语教育

澳大利亚汉语教育的现状与面临的问题 / 102
萨出拉

本辑澳研中心……………安徽大学大洋洲文学研究所 / 113
本辑澳研学人……………马祖毅 / 117

"做别人、前人没做过的事情"
——马祖毅先生访谈

马祖毅，字士弘，号惠庵，又号求得一斋主人，1925 年生于江苏，幼入私塾接受国学训练，精通古文、擅作旧体诗词，1954 年考入复旦大学英文系，毕业后执教于芜湖师范学院、合肥师范学院及安徽大学，有《中国翻译简史》《汉籍外译史》《中国翻译通史》等专著行于世，开我国翻译史研究先河，对翻译学发展影响深远。1979年，马祖毅先生在安徽大学成立大洋洲文学研究室（现大洋洲文学研究所），组建团队研究澳大利亚、新西兰及南太平洋岛国的文学文化，是国内第一家以大洋洲为研究对象的学术机构，迄今薪火相传，已历四十余年。该研究所在改革开放初期即与大洋洲各国的作家学者建立了广泛联系，编辑出版了《大洋洲文学丛刊》17 辑，成为国人了解大洋洲文学文化的重要平台。马祖毅先生是中国大洋洲文学研究的开拓者和领路人，为中国大洋洲研究培养了众多优秀人才，为中国与大洋洲的人文交流做出了历史性的贡献。本文作者在 2015 年安徽大学举办的"第二届中国澳大利亚文学研究高层论坛"期间，在该校大洋洲研究中心王晓凌教授、詹春娟主任的协助下，有幸拜访了马祖毅先生并进行采访，以下访谈即据该访谈整理而成，2018 年 11 月经马祖毅先生审定成文。

周小进（以下简称周）：马先生您好，能否请您介绍一下您的成长和求学经历？

马祖毅（以下简称马）：我出生在地主阶级家庭，家在苏北，田产在苏州乡下。祖父在清末做州县官的时候，在苏州乡下置了两三百亩地，是太湖边上的水田，只能收一季水稻。我在家乡读过私塾，然后进了初中，两年级的时候，全家就搬到苏州来了，所以我是在苏州上的初中和高中。

那个时候还是抗日战争时期，苏州还在同日本人战争。中学二年级撤到苏州吴县一中读书，那个时候中学英语取消了，读了日语，但是日语我不感兴趣。一个日本先生上课的时候提问，バソキくん，就是"马祖毅君"，我马上就说わかりません，就是"我不知道"，他就让我坐下。到考试的时候，主要是抄。日语一点不感兴趣，没学好。

之前，我学过一点英语，很感兴趣。后来抗战胜利，我到东吴附中，就是东吴大学的附属中学，高中在那儿毕业的。我数理化不行，最后高中毕业的时候，数学 60 分不到。还有，我这个人笨得很，不会下棋、跳舞、唱歌，就喜欢文学方面的东西。在私塾的时候，我学习过旧体诗，在苏州读初中的时候，有个国文教员，他会写旧体诗，我写的诗有时候他写在黑板上，读给同学听。所以我旧体诗一直到现在还在写。在初中和高中阶段，我不但写旧体诗，也写新诗，也写写散文。在苏州、上海的报纸上面，常常发表新诗和散文，所以那个时候就偏向于搞文学了。《苏州明报》的文艺副刊《蓓菲》，也是我帮助搞的。

周：那是高中对吧，参与《苏州明报》？后来考了大学吗？

马：对，读东吴附中时，因为学校大学部的一些爱好文学的学生组织了一个文学研究会，我参加了。1947年从东吴附中毕业，数学是不及格的。毕业之后考东吴大学，考两门，一门是英语，一门是国文。我就考了，考完之后要面试，由中学住宿的舍监负责，问了几句就不行了。为什么呢？大学那边一些进步的老师，组织了文学研究会，我参加了；中学组织的罢课，我也参加了，但我不是主谋，是负责起草宣言之类的，因此就没考取。东吴大学没考取，去考其他大学，我数理化不行，都没能考取。中学有一个同学，同地下党有联系，跟太湖游击队，也就是苏区武工队，有关系，在太湖那边打游击的，因此介绍我同他们认识了，我就做一些外围工作。同时，我同江阴炮台的地下党也取得了联系，我父亲曾经用家里收入的三分之一来资助江阴炮台地下党，因此我就同他们也有了联系。在解放军渡江的时候，国民党内部有起义的，起义前要安排家属离开炮台，离开江阴，也是我父亲帮忙安置的。有这层关系后，我思想上就倾向于革命了。另外，在同地下党联系的时候，我组织新民主主义青年团，发展了一些人。那是解放前。1949年6月，苏州解放了，无锡解放了，我参加了苏南公学，是培养青年干部的。我6月份进去，2个月后到农村工作，主要在宜兴乡下搞土改。之后调到城市，到工厂里面工作，在无锡地方国营第三缫丝厂工作队，搞民主改革运动，对工厂里对工人不合理的一些规章制度进行改革。改革运动结束后就留在厂里工作，做行政秘书。但是我不懂技术，在厂里面缫丝技术不行，待不下去。后来机会到了，1954年全国高校招生，当时高中毕业生的人数与招生的人数相差很大，毕业生人数达不到招生人数，于是号召年轻干部去考大学。我就去考大学了，这叫调干生，进去之后根据级别还有国家津贴，大概每个月二十几块钱。

周：您是进了复旦是吧？请您谈谈在复旦的学习情况好吗？

马：是的。我进了复旦外文系，学英语。那时候有些名教授，有葛传椝、孙大雨，还有杨必，就是翻译《名利场》的那位翻译家，有很多名教师在那边。不过那时候课程开得不完全合理，是受苏联影响的，有中国诗，有文艺，有语言学，但是口语训练比较差，读写方面还可以，有点不太全面。文学方面呢，莎士比亚的作品、《名利场》等等都学了。《名利场》是杨必教的。我考大学的目的是学外语搞翻译，读到大学三年级的时候已经在翻译小说，还在国内杂志上发表了。记得其中一篇是印度作家阿巴斯

（Khwaja Ahmad Abbas）的作品，是用英语写的小说《旗子》（*The Flag*），好像是在辽宁的一个杂志上发表的，稿费还不低呢，有30块钱。3 000字不到吧。

在大学里经历了一些运动，一个是反胡风集团。这里就涉及我了，比我低年级的一个中学同学欧阳庄，与胡风那边的路翎以及阿垅有些关系，我到南京欧阳庄那里，同路翎见过面，还同阿垅通过信，就因为这样的关系，组织上审查我是不是胡风集团分子。我和他们的联系，主要是对文学的兴趣。阿垅写诗，路翎写小说，欧阳庄也爱好文学。欧阳庄后来和阿垅、路翎一样，变成了胡风那边的骨干分子了。我因为这样的关系而受到组织审查，最后开了小会，没有指明我是不是胡风集团分子，但批判了我写的东西，壁报上的东西。经过组织审查，我不是胡风分子，最后事情不了了之。我被提拔为班长，那时候只有两个班，一个班20人。后来学校里又搞反右，是快到四年级的时候。他们想引蛇出洞，这时候我的警惕性非常高，没有提什么意见，还说组织帮助我解决了历史问题，所以没有受到牵连。但我的父亲为人很老实，他是名中学教师，在反右时被搞成了极右派，送去劳动教养，在苏北。所以我就有问题了，既是地主阶级的"孝子贤孙"，又是大右派的儿子，后来"文化大革命"我就逃不掉了。我被判是反党反社会主义分子，要"两集中"，集中劳动集中学习，让有问题的人上午集中学习，下午集中劳动。就是扫扫地，拔拔草这样子。晚上是有空的，我就来搞我的东西了，《英语常用同义现象表达手册》。

周：能介绍一下这部《英语常用同义现象表达手册》的特点吗？

马：这个与同义词不同，同义词一般是同一个词性的词。但我做的这个不一样，同一个概念，比如"小"，它有名词、形容词、副词、短语、句子甚至一个段落，来表达一个概念。我为什么要搞这个呢？我向来有一种思想，我要做别人没做过的事情，前人没做过的事情。我这个手册的内容与同义词不同，别人没做过，所以叫同义现象。我晚上还读外国小说，做卡片。有英文小说，抄家没抄掉。边读边摘录。我打定主意，我要做别人没做过，或者前人没做过的事。

周：能说说您复旦毕业以后的工作和学术研究情况吗？

马：复旦毕业以后呢，我被分配到安徽高校里面教书。以前叫安徽师范学院，就是现在芜湖的安徽师范大学，后来是合肥师范学院，最后是安徽大学。教外语。先是在安徽师范学院教了一年，那个外语系后来并到合肥师范学院了，中国科技大学搬到合肥来的时候，合肥师范学院取消了，外语系并到安徽大学。在合肥师范学院的时候，我也利用我的所长，去搞别人没搞过的事情，就是《皖诗玉屑》，从古以来写诗话的人没有一个以省为单位的，我来写安徽省。而且历史上有名的安徽诗人，我不收录，比如三曹，比如唐朝的杜荀鹤，宋朝的梅圣俞，清朝的施闰章，这些都是文学史上有名的人物。我这里面专门收没有名气的，或者小有名气的，凡是写得好的，我就挑出来，包括剃头师傅、家庭妇女、穷秀才、教书先生写的诗，或者为当官的做秘书的人写的诗，都是没有名的，因为我从小就写诗，对旧体诗多少还有点识别力。我把这些搜出来，写成诗话，整个安徽范围内写得好的又没有名的诗，所以我的《皖诗玉屑》跟以前写的诗话不同。"文化大革命"时，也是在合肥师范，调到安大时，"文革"基本快结束了，"文革"期间，我坚持自己搞自己的事情。我进大学读英语，志在搞翻译，我教过翻译课，后来写翻译史。

周：翻译史从什么时候开始写的呢？

马：改革开放之前之后都写的，写这些东西不是一天两天能写好的，有个过程。《汉籍外译史》又是与众不同的，关于世界各国翻译中国书籍的历史，已经出书了，中国文学在英国，中国文学在法国，都出过书，但这些只说了英国、法国翻译中国文学的部分，其他社会科学的东西，自然科学的东西译没译呢？我要做一个世界各国翻译中国书籍的历史，包括社会科学，也要包括自然科学。中国的历史，还有四书，《论语》《孟子》等等，都译过的，中国文学在英国、法国，是没有包括这些的，而且是个别国家，我要把世界各国翻译中国书籍的历史都包括进去。写了这本书。大概有几十万字，湖北教育出版社出版的。后来出了修订本。有外国翻译中国的东西，也有中国翻译外国的东西，这是《中国翻译简史》（五四以前部分），在我之前没有人写过，虽然是简史，但是第一本，因此这本书收入中国文库了。我为什么能够搞这个呢，也是利用我的所长，我读过私塾懂文言文，如果不懂文言文就没法做了。为什么呢？因为要写中国翻译史，要从周朝开始，一直到五四以前，记载翻译的都是文言文，我把二十五史通读一遍，里面凡是有关翻译的材料都收进来。另外，我这个翻译史，不单单是汉语翻译外国的东西，还包括了少数民族之间的翻译。中国的朝代中辽是契丹语，金是女真语，元是蒙古语，也是有翻译的，互相翻译，有口译也有笔译。另外还有藏文，本身用藏文翻译佛经，同时也翻译一些汉语的东西，彝族的文字和汉语也有互译。所以，我的翻译史不仅是汉族翻译外国的，还有中国民族间的互译，也要写出来，中国是一个多民族的国家，不只是汉族，所以这部翻译史是花了一些功夫的。不过都是业余搞的，还有教学活动。

写了这个中国翻译史，人家问怎么只写了五四以前，五四以后怎么不写啊？于是就写了翻译通史，从周朝到2000年。我一个人没有办法写了，于是组织班子一起弄，加拿大文学的翻译、拉丁美洲文学的翻译、大洋洲文学的翻译，都是王老师（指王晓凌教授）写的。一个团队，各人写自己擅长的部分，古代部分是我自己搞的，从周朝到清朝，在翻译简史的基础上增改。最后出来400多万字，《中国翻译通史》也是中国第一部，没人写过。

周：目前还没有超越这套书的吧？

马：要超越，那一定要写得比我还要好啊。利用我的所长，利用我掌握的工具，我力所能及的事情，我来做。我要做别人没做过的、前人没做过的事情，这是我一贯的治学宗旨。那么，再谈到"文化大革命"以后了，也做了别人没做过的事。

周：您指的是开始大洋洲文学研究吗？

马：是的。应当是1979年吧，中国社会科学院外国文学研究所，派人到南京大学与几个高校的代表开会，"文革"结束，要研究外国文学了。有的报名研究英国文学、苏联文学、法国文学、美国文学，大洋洲没有人报，是个空白啊。所以我斗胆说，回去成立大洋洲文学研究室，这个空洞我们来补。我学英语的，澳大利亚讲英语，新西兰讲英语，太平洋岛国是英国殖民地，基本上也是用英语，如果让我搞法语是不行的，大洋洲的英语文学我可以搞，要量力而行，还要有信心。

但是困难也很多。当时澳大利亚作品翻译过来的只有四部，有普理查德（Katherine Susannah Prichard），他是澳共党员，还有弗兰克·哈代（Frank Hardy）、朱达·沃顿（Judah Waten），还有亨利·劳森（Henry Lawson），劳森是短篇小说，其他的是长篇小说。翻译过来的只有这四部，图书馆里找得到。四部怎么研究呢？新西兰的只有曼斯菲尔德（Katherine Mansfield），是徐志摩介绍到中国的，中国认为是英国作家，但是新西兰人认为是新西兰的作家。所以写《中国大百科全书·外国文学卷》条目的时候，我把曼斯菲尔德列入新西兰作家。至于其他岛国的作品，影子都没有。当时开完会回来，向系里报告我们要成立这个研究室，当时的书记说要等条件成熟再成立，就是暂时先不成立。我跟校党委书记关系还蛮好的，他支持我们，让我向系里要一个房间，没有桌子可以到总支里去搬。这样一来，有了房间，有了桌子，但都是空的，没有资料，只有图书馆借来的四本书，还配了两个人给我，是学俄语的，稍微懂一点点英语，我就让他们到图书馆去搜集材料，到外国文学的杂志上去找翻译过来的和大洋洲有关的东西，但搜集来的材料寥寥无几。于是就向澳大利亚大使馆写信。听说中国成立了大洋洲文学研究室的消息之后，有个别的人也寄书来了。

后来，澳中理事会派代表来访问，送了一批书。1979年8月布里森登（F. R. Brissendon）来我们研究室访问，他当时是澳大利亚艺术委员会文学理事会的主席，和澳驻华使馆文化参赞马乐施一起来的。他们来的目的是干什么呢？澳大利亚的文艺界要邀请中国作家到澳大利亚访问，包括杨宪益夫妇，顺便到我们这儿访问，带来了一批书。我们开始做通联工作，包括澳大利亚、新西兰，以及斐济的南太平洋大学和巴布亚新几内亚大学。那时候我们手头的书绝大部分都是送的，好像只有一本是买的，《鳄鱼》是买的，人家帮忙买的，一本书700块。有了书以后，这样我们才能慢慢开展工作。研究室成立是70年代末，还不太开放，清规戒律很多，我们给大使馆写信，上面要追查，为什么私人同大使馆通信哪？里面有没有什么名堂？这是政治问题。党委副书记就说，要来追查的话，就说"是我让他写的"。后来我们编了《大洋洲文学》丛刊，我编了17辑，陈正发编了2辑。陈正发那时候条件好了，由安徽大学出版社出版，我那时候都是内部发行。开始是一年2辑，后来是一年1辑，后来是不定期的。

第一辑是《自由树上的狐蝠》，是温特的（Albert Wendt）作品，长篇小说，这里面有关于性的描写。大概是 1981 年吧。一般外国文学里有性的描写无所谓，但这个时候开始提精神污染，结果一个反对派的头子就到处去宣扬，有人到我们社里买这本书，当时用的是学校学报的刊号，我想有人买很好啊，没想到是要用精神污染来批评我。

后来没事了，上面停止了这种做法。外国文学里有性描写的多得很。有四期用的是学报的刊号，有人写信到上面，说学报不能出文艺作品的，要取消，我甚至到省委宣传部去谈过，也没有用。结果四期之后就没有刊号了。这些是我们研究室的一些小挫折吧。两个学校合并的，有些小矛盾。这个丛刊主要是出翻译，研究文章少，作品都不知道怎么能研究呢？出来之后赠送给大家，目的是让更多人了解大洋洲文学是什么样的。

周：那时候与大洋洲的文学界交往频繁吗？您到澳大利亚、新西兰都去访问过是吧？

马：都去过，澳大利亚两次，新西兰两次，澳大利亚的墨尔本、悉尼、堪培拉、珀斯都去过，在作家安德森（Hugh Anderson）家里住过，见过很多作家，包括诗人霍普（A. D. Hope）、布里森登、柯林·约翰逊（Colin Johnson）、阿伦·马歇尔（Alan Marshall）、朱达·沃顿（Judah Waten）、约翰·莫里逊（John Morrison）等等。和斐济、汤加等南太平洋岛国的作家、学者也有联系。来访的大洋洲文艺界人士不少，我们自己的成员也出访，书信来往的就更多了，寄送作品给我们的也很多，包括几位重要的新西兰毛利作家。

除了相互介绍对方国家文学文化之外，我们大多自己都是诗人，互相之间是有艺术创作上的交流和影响的。我和不少大洋洲诗人都有诗歌唱和之作，我给布里森登写过一首《贺新郎》，后来还有两首五绝，布里森登在《公报》上写过一首"待波滩读一首中国诗——致马祖毅"，1981 年托访澳的作家宗璞带来给我。我很喜欢柯林·约翰逊的政治诗歌，给他写过一首七绝。朱利安·克罗夫特（Julian Croft）是 1982 年到合肥的，我刚好在堪培拉，没碰上，但我们诗歌往来很多。我给他写过好几首诗歌，他写过一首给他儿子的长诗，里面记录了他在合肥的所见所感。我们的学生胡移风后来跟他读研究生了。1986 年汤加女诗人萨曼（Konai Helu Thaman）来中国，写了两首关于黄山的诗歌，我也给她写了两首五绝。新西兰有位诗人玛格丽特·邵思（Margaret T. South），中文名字叫做邵梅嘉，对中国文化很感兴趣，仿照中国古代诗人的意境、韵律，写过很多英文诗歌，结集叫做《文面之乡——若干中国式的诗》，后来我把其中几首用古近体诗的方式翻译出来，果然很像中国诗歌的韵味，我们那时候和很多人的交往，对大家的创作是影响的。90 年代还有新西兰的诗人给我寄诗，凯瑟琳·梅尔（Katherine Mair）寄来的诗集前后扉页上都是中国古语，有"千里之行、始于足下"和"必有青枝、鸣禽必栖"。

周： 安徽大学的大洋洲文学研究所是国内同类研究中心中最早的，而且薪火相传，将近 40 余年，非常难得。能谈谈当时的团队情况吗？

马： 当时的翻译工作，有些研究室成员翻，有些是学生翻，我来改，每一期都是我一个人校。我从学生当中物色，陈正发就是这样来的，当时还没毕业就参与了，《无期徒刑》就是他译的，我改过，所以署名是两个人，他的是主要的，名字在前面；改的地方，他回去再对照原文研究思考，这样提高很快。还有何玉凤，学生时代也参与了，后来到澳大利亚读了硕士博士。还有任荣珍，她学过俄语，后来学英语的，中文笔头不错。她翻译，我也改，在改的过程中培养他们，后来就都能独立工作了。翻译理论技巧是空洞的，要实际操作。

在南京的那个会上，当时选大洋洲文学还是比较有前瞻性，不是局限于一个澳大利亚的文学，大洋洲包括几个部分，澳大利亚、新西兰，还有 12 个岛国。所以我们是大洋洲文学研究室，直到目前为止还独具特色。尽管后来又很多人做澳大利亚研究、新西兰研究，但大洋洲研究我们还是比较成熟的。所以定位还是要开阔一点，不要太狭隘于某一点。团队当然很重要，一个人是搞不过来的。我们的南太平洋文学史主要就是王晓凌老师的功劳，在翻译通史里面她也出了不少力。当时除了我，还有陈正发、王晓凌、任荣珍、胡移风、金昭敏等，有五六个人，是骨干力量，我们的关系非常好，晚上到我家里聊天，他们经常开我的玩笑，现在想起来，大家特别留恋那段时光。气氛是非常活跃的，我们那个研究室，也不指定你搞什么，材料都摆在架子上，你自己看，然后对哪方面感兴趣就做哪方面。我们最后每个人都发表文章，是一种良性循环，他们看到别人发文章，也鼓励自己。就是在这样一个良性的环境中做研究的。非常非常好的一个团队，大家经常到我家里来，就这么东聊聊西聊聊，现在想起来还是很怀念，那时候是非常好的。非常融洽，所以出了那么多成果。时间并不长，但是我们的《大洋洲文学丛刊》出了 19 辑。后来其他年轻人慢慢加入进来，队伍就扩大了，这样传承下去。现在的主任是詹春娟，也有一批不错的年轻人，在努力做，一代代接下去。我们始终很重视发掘年轻人，像现在这样再传承几代就会很牢固了。詹春娟她们也在培养更年轻的研究生。

有些事情是一定要有团队合作的。譬如我们做的一件别人没做过的事，就是"大洋洲诗中国画"这么一个项目。我和大洋洲的几个学者一起，请他们帮助选诗，我自己也选。保罗·卡瓦纳（Paul Kavanagh），还有马克·威廉斯（Mark Williams），他在香港浸会学院（现香港浸会大学）教书，了解了我们的情况以后，他也帮助选，温特也帮助选。这样一共选了 109 位大洋洲当代诗人的 143 篇作品，然后要画成中国画，画家不懂英文，我们就翻译成中文交给画家汪涛，由他作画。汪涛后来还出了书，《外国诗中国画》，很有影响的，在"大洋洲诗中国画"的启发下，又策划出版了其他国家的诗歌和中国画。

　　"外国诗中国画"，先在上海展览，澳大利亚驻沪总领事馆主办的，后来到北京展览，澳大利亚使馆主办，展览厅就设在大使馆里，又去了新西兰惠灵顿展览，新西兰政府主办的，在国家展览馆里，最后把"新西兰诗中国画"送给他们了，他们长期展览。把外国诗画成中国画，这样的中外文化交流方式，之前没人搞过的。诗是有声画，画是无声诗，诗画是相互联系的。人一辈子总搞别人做过的事情有什么意思呢，要新啊，我一生的宗旨就是这样。我这一辈子，14 岁开始学习旧体诗，陆陆续续不断在写，忙的时候写不了，闲下来我就写。我的诗不去投稿的，都是来约稿的，没有稿费，印出来我也不去买。结了几本集子。离休之后我搞了摄影配诗展，在安徽大学展过两次，也是别人没有做过的事情。摄影是史锡康副教授，我来配诗，也是合作的结果。

　　周：与您那时候相比，现在国内做大洋洲各国研究的队伍壮大多了，年轻人也很多，您对他们有什么建议吗？

　　马：现在研究的人多了，我离休之后，大洋洲文学研究室继续他们的研究，我不干涉他们的工作。现在大洋洲文学研究，弱点还是太平洋岛国，这方面的研究开展还不够，澳大利亚部分搞得不错，新西兰的研究也差一点。这方面要加强通联工作，要加强和他们的联系。

　　另外我的建议就是要做别人没做过的学问，譬如一个澳大利亚作家，都研究了，最好不去碰他，你要研究必定要超过别人，炒冷饭没意思，要么是没人研究过的作家，要么有一些独特的新的东西。我看到论文里有不少用外国的文学研究理论套，我看应该有一种中国的研究方法，研究文学的特殊方法，不要套人家的，没意思。不要拾人牙慧，可以参考，但要创新。

　　中国古典的研究文艺的东西，中国人研究中国文学的一些方法，最好也能够涉猎，有时候是有道理的，研究要有中国特色。要继承中国的一些传统的东西，但要有所创新；要吸收外国的一些东西，但是不盲从。学外语时，传统文化的东西还是要加进去的，中文也要好。懂得中国的诗歌，对于欣赏外国诗也有帮助，诗歌有很多是相通的。我们的研究成果也是用中文写的，要普及让大家知道。可以借外国文学的东西来繁荣中国文学，像莫言就借鉴了魔幻现实主义。好的我们吸收，但我们不盲从，要有所创新。总之，我要做别人没做过的事情，要做前人没做过的事情，这是我的宗旨。当然也要有自知之明，想做别人没做过的事情，自己没这个能力也不行，要量力而行。

周小进　上海对外经贸大学副教授

▶ 马祖毅先生

▶ 马祖毅先生和本文作者

► 马祖毅先生在家中

► 马祖毅先生在读稿件

The Disappearance of Subjectivity in Patrick White's Later Novels

Yasue Arimitsu

Abstract: Patrick White's last two novels, *The Twyborn Affair* and *Memoirs of Many in One* reflect such complicated features of modern society as the alienation from place and time. The characters in the novels float from country to country, crossing national, ethnic and cultural borders, and even the border of gender. White may have written these novels not in order to attempt to construct his identity/subjectivity as an Australian writer as in his previous works, but to attempt to make it rather ambiguous without distinguishing his national, ethnic, cultural or sexual identities. As a result, White presents the uncertain identity/subjectivity in modern literature and examines the function of authorship in these novels, and at the same time, claims its disappearance from the novel. In this paper, I intend to examine how Patrick White deals with the author's function and elimination of subjectivity/identity in his writing, focusing on his last two novels and examining how these novels are associated with the notions in Roland Barthes' "The Death of the Author" and Michel Foucault's, "What is an Author?"

Key words: Patrick White's *The Twyborn Affair* and *Memoirs of Many in One*; authorship; subjectivity; Roland Barthes; Michel Foucault

I. Introduction

This paper attempts to examine the transformation of Patrick White's writing style in his later novels, *The Twyborn Affair* (1978), and *Memoirs of Many in One* (1986). These two novels seem to have been transformed from his earlier novels in the sense that White focuses on establishing his identity as an Australian writer in his earlier novels, but in his later novels, his interests shift away from establishing his identity as a writer to blurring it or making it ambiguous. Because of his personal background in his early days, he struggles to clarify his national, cultural, and gender identities at the same time as resolving his philosophical and religious problems. However, White seems, in his late novels, to reach a stage beyond his identity issues, and his subjectivity finally disappears. White seems to have developed a new writing style as a logical outcome of the modern age.

In the 19th century, the concept of the novel developed under historicism and humanism on the basis that history and civilization are under evolution. Roland Barthes argues that, in that century, the text of a novel was understood on the premise that the author set single, stable and definable meaning in the text. The author spoke with a character's words or from his or her perspective, as a so-called narrator, and the novel was, therefore, controlled by its author. Therefore, as Andrew Bennett remarks in his book *The Author*: "... the idea of the author [was] a 'tyranny' demanding a quasi-theological approach to reading and interpretation." Bennett argues that the author was "a kind of presiding deity, by the 'Author-God'" (Bennett 14). The author was thus considered to be asserting a god-like power, a power of omniscience and omnipotence over the text's meanings. The meaning was, therefore, limited to the sense authorized by the author.

However, Barthes argues that the modern author becomes a "scriptor" whose meaning has been displaced to text, and readers have been liberated from "the oppressive control of authorial consciousness and critical guardianship" (Barthes 15). Bennett says, quoting K. K. Ruthven's argument, that authors are "legal personages who both pre-exist and survive the texts they produce," while "'scriptors' are wholly coterminous with the texts that engender them" (15). The "scriptor" is an agent of language rather than a controller of consciousness, and as a result, Bennett argues that:

> ... *the focus of the theorist's interest can shift from attempting to understand the author's intentions or the way that her life, thought or consciousness defines and limits the text's meaning, to a certain thinking of textuality without origin. (15)*

The modern text does not provide any single, stable and definable meaning but a plurality of meanings. As Barthes points out, the modern text has become a multi-dimensional space in which a variety of writings are presented, of which none are original, but which blend and clash. The text is just like textile fabric woven from a "tissue of quotations drawn from the innumerable centres of culture" (Barthes 128). This notion leads to a new conception of intertextuality that eliminates the central, controlling power of authorial consciousness, and is not fixed in a specific, identifiable framework with no origin. The modern text has, therefore, neither centre nor subjectivity, and this fact leads to Barthes' phrase "The Death of the Author." The author is replaced by a decentred system of language (Bennett 16).

In his "The Death of the Author," Barthes describes literature as "that neutral, composite, oblique space where our subject slips away, the negative where all identity is lost, starting with the very identity of the body writing that composite, that oblique into which every subject escapes, the trap where all identity is lost, starting with the very identity of the body writing" (Barthes 125). He claims that: "The author is a modern figure, a product of our society insofar as, emerging from the Middle Ages with English empiricism." (125) For Barthes, "the space of writing is to be ranged over, not pierced: writing ceaselessly posits meaning ceaselessly to evaporate it, carrying out a systematic exemption of meaning" (129).

Michel Foucault remarks in his article, "What is an Author?" that, in this modern society, "all discourses endowed with the author function possess [the] plurality of self" (215) as "it does not refer purely and simply to a real individual, since it can give rise simultaneously to several subjects-positions that can be occupied by different classes of individuals" (216), and he continues that:

> *Although, since the eighteenth century the author has played the role of the regulator of the fictive, a role quite characteristic of our era of industrial and bourgeois society, of individualism and private property, still, given the historical modifications that are taking place, it does not seem necessary that the author function remain constant in form, complexity, and even in existence. I think that, as our society changes, at the very moment when it is in the process of changing, the author function will disappear, and in such a manner that fiction and its polysemous texts will once again function according to another mode, but still with a system of constraint — one that will no longer be the author but will have to be determined or, perhaps, experienced [expérimenter] . (222)*

Foucault again argues that the author in the eighteenth century played a role to control fiction and its characters, because that era was characterized by industrial and bourgeois society which was based on "individualism" and "private property." However, in the modern age, society has drastically changed, and the author's background has become very complicated, mixed or blended and the function of the author has not remained the same, but has disappeared and become something else. Foucault says: "All the discourses, whatever their status, form, value, and whatever the treatment to which they will be subjected, would then develop in the anonymity of a murmur." (222) As a result, in a text created by a modern author it is quite difficult to identify "who really spoke?" "Is it really he and not someone else?" The author's identity/subjectivity thus disappears, and this results in the resolution of Barthes' "death of the author."

In considering Australian writers, it is generally noted that many immigrant writers from a variety of countries outside Australia are included and they represent diverse identities other than Anglo-Celtic. Patrick White was an Anglo-Celtic Australian writer, but he was slightly different from other Anglo-Celtic Australian writers. He had a rather complicated and ambivalent background regarding his identity as an Australian. Prior to his decision to settle in Australia in 1948, at the age of thirty-six, he had spent twenty-one years elsewhere, principally in England. He was in fact born in England in 1912 and returned to Australia for the first time at the age of six months. He grew up in Australia but was sent to Cheltenham College in England at the age of thirteen to complete his secondary school education. After a stay in Australia of approximately three years, he returned to England to attend Cambridge University. The emphasis on an education that was clearly weighted in favour of English perceptions has influenced White in many ways.

White records that he had no sense of belonging either to Australia or to England in his early years. He remarks: "In spite of feeling an Australian in England, I was surprised to find upon my return that I had become anglicized." (Leitch 33) In addition "... at school in England I was accused of being a cockney or colonial, back in Australia, ... 'a bloody Pom.'" (White 1981: 41) Accordingly, White felt isolated in and alienated from both Australia and England which might account for his apparent rootlessness, and this alienation and rootlessness were represented in his early novels as a search for identity. Because of these experiences, he could be called a diasporic writer as he is severed from his original birthplace or home. White's literary works, therefore, display the diasporic features which are often observed in a postmodern/postcolonial world.

White, however, changes style in his late novels. Elizabeth McMahon, in her article "The Lateness and Queerness of *The Twyborn Affair*: White's Farewell to the Novel" argues that White changed his style in writing novels. She remarks in this final novel that "White invites the reader into a new mode of reading and provides a new prism for a hermeneutics," and "offering a new mode of reading across his fiction." (78) McMahon points out that:

> The Twyborn Affair's *prospective vision does not relate only to White's oeuvre but also to cultural developments more broadly. Mush as Said remarks of*

Beethoven's last works, The Twyborn Affair *contains the core of what is modern* [*artistic form*] *in our own time. (79)*

The Twyborn Affair appears to reflect such complicated features as the alienation from any place and time of its central character, who floats from country to country, crossing national, ethnic and cultural borders, and even the border of gender. White may have written this novel not in order to attempt to construct his identity/subjectivity as an Australian writer as in his previous works, but to attempt to make it rather ambiguous without distinguishing his national, ethnic, cultural or sexual identities. In *Memoirs of Many in One*, White's last completed novel, Alex Xenophon Demirjian Gray's memories are "edited," not "written" by Patrick White. In this book, White presents the uncertain identity/subjectivity in modern literature by using his central character's memoirs. White seems to clarify the function of authorship in his last novel, and at the same time, claims its disappearance from the novel.

In this paper, I intend to examine how Patrick White deals with the author's function and elimination of subjectivity/identity in his writing, focusing on his last two novels and examining how these novels are associated with the notions of Roland Barthes' "The Death of the Author" and Michel Foucault's, "What is an Author?"

II. Ambiguous Identity in *The Twyborn Affair*

The Twyborn Affair consists of three parts whose connecting link is the central character, Australian-born Eddie Twyborn, whose transsexual nature affects the course of his life. Part 1 is set in France over a few weeks in 1914, when a young woman, Eddie Twyborn, pretends to be Eudoxia Vatatzes, the wife of the Greek Angelos Vatatzes. The story is Eddie's story, but the existence of two other characters dominates this narrative. Eadie Twyborn, Eddie's mother, rarely appears but is oppressive in her absence. Joan Golson, Eadie Twyborn's lesbian lover, links Eddie and many of the other characters. The plot seems rather mysterious because the narrative shifts between the past and present, the sequence of events is not wholly chronological. Part 1 seems to reflect White's own experience in Europe when he was young, and the story is composed of his memories from the past.

In Part 2, Eddie Twyborn returns to Australia after the War with the intention of living as a man. He settles on the farm "Bogong" to work as a jackaroo and this setting also follows White's experience in his early days in Australia. There Eddie gets to know many people, but by and large, feels closer to the Australian scenery rather than to the people, as he says: "If the river appeared at first sight hostile, it was through the transience of its coursing water to one who longed for the reality of permanence." (179) This part reflects the habitual preoccupation of everyday life, a life which is not without a certain attraction for Eddie. Although his sexuality has changed, his personality has not, but due to a sexual crisis in his relationship with the manager of the farm, Eddie escapes from "Bogong" for Europe, leaving no trace.

> *Eddie Twyborn, realizing that he was still himself, grew conscious of the pains shooting through his ribs, legs, head. He must have been concussed by the fall. None of him was manageable, anyway by his own efforts but oh God, he was still here, if he wanted to be; he was not yet sure. (203)*

Even though Eddie's sexuality changes, he finds his personality is not affected by his sexuality as Eddie lives his/her life in spite of its sexuality, and although it is not Eddie who controls his own being, he can recognize his being in Australia.

In Part 3, Eddie Twyborn lives in London, during the 1930s. He once again appears as a woman, and this time his chosen identity is Mrs. Trist, who is running a brothel. The background shows a society approaching war (375) and Eddie Twyborn regaining his masculine identity, when he gets killed in an air-raid over London at the beginning of the Second World War (429–430). Thus this novel shows that the central character's nature forces him to escape and start afresh in a different place several times. He lives in different countries, supports himself in various ways, and lives among a variety of different people.

The settings of each part of the novel follow White's early novels *Happy Valley*, *The Living and the Dead* and *The Aunt's Story*, and the locations of these novels follow White's own experiences when he was young. David Marr, in his biography of Patrick White, noted that White wrote his early novels reflecting his own lives in Australia, Europe, and America and these novels progress according to White's own philosophical and religious progress.[1] *The Twyborn Affair* again returns to the earlier novels and floats across Europe,

---

1 David Marr, in his *Patrick White: A Life* (Sydney: Random House Australia, 1991), describes White's progress according to his early works. I mentioned this in my article "Book Review: *Patrick White: A Life*, by David Marr," *The Southern Hemisphere Review*, Vol. 8 (1992): 80–81.

Australia and England, as if White had reviewed his own works and was reliving them in this novel. Critics often argue that this work provides writing and reading practices of homosexuality as his late style,[1] but Elizabeth McMahon argues that White, in this novel, is aiming at a new phase of literary form. She feels that White is approaching the end of writing novels:

> ... the naming or recognition of homosexuality becomes synonymous and coincident with the debates around closure, conclusion, and artistic end-points. The novel's "coming-out" narrative appears to render obsolete any further utterance or writing — it ends the author's literary production. (84)

According to McMahon, critics often believed that White changed his writing style in this novel as his writing principle is largely transformed from universal issues to sexuality and that White's purpose in writing the novel has become his homosexuality rather than his philosophical and religious development. White is Australia's first Nobel literature laureate and therefore has been acknowledged as one of the keenest observers of Australian life but McMahon questions whether this is still appropriate. A quick answer to this, McMahon argues, could be that if Eddie Twyborn is explicitly homosexual, the novel's subjectivity precludes national and representative status. McMahon remarks:

> ... the seeming transparency of this answer — its all-too-readiness — needs to operate as a starting-point of analysis rather a conclusion, as it compounds the crisis of representation played out in a novel with a crisis of White's status as national literary representative. (79)

White's literary works embrace his desire for universalized rather than minoritized frames of reference and the former promises to unite readership, text, and author in a shared understanding and humanity, but here he obviously presents minoritized

---

1 Elizabeth McMahon argues in her article "The Lateness and Queerness of *The Twyborn Affair*: White's Farewell to the Novel" that *The Twyborn Affair* is "the identification of homographesis—the particular writing and reading practices of homosexuality as these have been identified by the queer-theorists Eve Kosofsky Sedgwick and Lee Edelman." Elizabeth McMahon, "The Lateness and Queerness of *The Twyborn Affair*: White's Farewell to the Novel," *Remembering Patrick White: Contemporary Critical Essays*, ed. Elizabeth McMahon and Brigitta Olubas, Amsterdam: Radopi, 2010, 78.

"homosexuality" rather than a universalized viewpoint.

Critical studies of White have thus been heavily weighted toward his depiction of the universalized human condition, but the once numerous academic studies seem to have waned since the mid-1980s. Australian society has greatly changed since White wrote his early novels. Since Australia started its multicultural policy in the mid-1970s, it began to accept many immigrants from all over the world. In the mid-1980s, Australian society was already represented by a variety of cultures, and Australian cultural and ethnic identities were becoming very complex, transforming its national identity from unity, which was the general condition of Australian society when White wrote *The Twyborn Affair*, to diversity.

In this novel, Eddie Twyborn is portrayed as drifting unrestricted by borders of nationality, ethnicity, culture or even gender, and Eddie, being surrounded by the Australian natural environment, seems to gain a sense of freedom and wholeness:

> *Eddie climbed out by handfuls of tussock and footholds of rock. From feeling like a helpless drifting frog at the mercy of the current, he was again a naked stumbling man, the ribbons of a burning wind lashing and sawing at his shoulders. In his isolation he was free and whole, but only momentarily. (251)*

White thus provides us with the human condition; here he is engaged with philosophical and universal issues just as in his previous works. White is not a writer who sets himself only in Australia, but rather a diasporic who searches for a place where he feels at home, lives in various countries, meets all kinds of people and eventually reaches the stage where he understands that human beings are not divided simply into two opposites: good or evil, religion or science, divine intervention or human will, and finally in this novel, he crosses the border between male and female:

> *... that we might have loved each other, completely and humanly, if we had found the courage. Men and women are not the sole members of the human hierarchy to which you and I can also claim to belong.*
>
> *I can see your reproving face, your explosive jaw rejecting my assertion. If I can't persuade you, I shall continue to accept you in whatever form your puritan decides you should appear, if we survive the holocaust which is preparing.*
>
> *"Love" is an exhausted word, and God has been expelled by those who know*

better, but I offer you the one as proof that the other still exists. (426)

In this novel, White shows there are no definite things such as "Love" or "God" in life but cores are multiple, multiple views of human beings, not just a binary view of two opposites, male and female, but more than that, as Carolyn Bliss argues in her book, *Patrick White's Fiction*:

> *The captain has remembered a chance sexual encounter in which he and hispartner transcended orgasm to reach a moment of mystical beatitude .... the two kinds of love are linked on a great continuum which enables the movement from sexual to spiritual. (178–179)*

Eddie dies in the war, but the description of Eddie's death is linked to birth by echoing his earlier thought, "while watching his mother's age-spotted hands which pressed on her own belly to help expel in blood and anguish the child struggling out of it" (424). The rebirth implies the resurrection of Eddie who was twice-born with irreducible duality of male and female identities. This is represented by the fact that, when he dies, he is wearing a man's clothes and a woman's make-up, and this implies Eddie's identities "are unresolved dichotomy" as he refuses to unite them (180). This reminds us of the experience of Theodora Goodman of White's third novel, *The Aunt's Story*. Theodora experiences "the irreconcilable halves which constitute being and experience" just as Bliss again remarks: "If there are the suggestions White intended, part of the novel's lesson would be that learned by Theodora Goodman of *The Aunt's Story*: that of the 'irreconcilable halves' which constitute being and experience." (180)

Edward Said mentions in his book *On Late Style*, "a late style of certain artists is characterized by a lack of resolution or unity." He also notes that this form of artistic lateness is distinguished by "intransigence, difficulty and unresolved contradiction," but it involves "a non-harmonious, non-serene tension, and above all, a sort of deliberately unproductive productiveness" (7). White's style in portraying Eddie's multiple identities in *The Twyborn Affair* coincides exactly with Said's comments in *On Late Style*. Edward Said is known as a postcolonial writer, and also as a diasporic writer, because he was born in Jerusalem, immigrated to America and attempted to search for an identity outside his original birthplace, just as White did in Australia. White and Said share their diasporic backgrounds which are also common to the writers who are immigrants, refugees, and exiles in the globalizing age of the 21st century.

I would like to conclude this section by asserting that it is not correct to say that Patrick White's *The Twyborn Affair* was written to present a "coming out" narrative of his sexuality as some critics have said, and I believe that this section has proven this. His sexuality was, in fact, already clear to us in various places and White did not particularly intend to present his sexuality in this novel. Then, what did White attempt to do in this novel? It could be said that, as a diasporic writer who floats across national, cultural, ethnic and gender borders, White attempted to present universal issues such as the complexity of the human condition and identity for those who live in the 20th century. A search for identity as an Australian writer was quite common at the time when White wrote this novel in the 1970s, but what is special about this novel is that he intended to present his artistic creativity as a diasporic writer. White himself asserts his belief in the difference of a distinctively homosexual perspective which he ascribed to a kind of understanding of both genders. In order to do this, homosexuality was essential to him, as he says in his letters: "If I am anything of a writer it is through my homosexuality." (86)

The central character's subjectivity has become blurred and floats between that of a man and that of a woman. However, although presenting his homosexuality was not White's purpose in writing *The Twyborn Affair*, without presenting his homosexuality, he could not present his sense of artistic creation, his sense of being "free" and his sense of "wholeness" in the novel: "*I am Kim who are you? I am nobody. You must be someone everybody's somebody. You're right there Kim I'm my father and mother's son and daughter ...(sic).*" (260–261)

III. The Disappearance of the Author's Identity in *Memoirs of Many in One*

Patrick White wrote *The Twyborn Affair* and described his sense of being "free" and "whole" in the novel and concluded that your identity becomes ambiguous and you can even be anybody just as White makes the subjectivity of his characters slip away so that all his national, cultural, even gender identities are lost. In the next novel, *Memoirs of Many in One*, White deals with the disappearance of the subjectivity of the author.

White wrote the experimental work, *Memoirs of Many in One*, as memoirs of his central character, Alex Xenophon Papapandelidis, the daughter of Greek parents, who married Hilary Gray, whose parents are Anglo-Celtic Australian. In this novel, White himself appears as the editor of the book. Alex's daughter, Hilda, asked White to edit her mother's memoirs, which were "locked in a morocco writing case, behind arabesques in faded gilt" (9). Therefore, White is not the author of the book in the novel but an editor. Readers have to keep in mind the fact that what is happening in the novel has been written not by White, but by Alex, although the White is responsible for what was written in the text.

The notion of "The Death of the Author" is reflected in White's obliteration of the author in *Memoirs of Many in One*. White wrote the book but appears in the book not as the author, but as one of the characters and the editor of the book. White is a friend of both Alex and her daughter, Hilda, who asks White to edit her mother's memoirs. Alex wrote her memories because none of the Grays, her husband's family, recorded their memories (21), and she is writing her memories although she thinks "archives are only half the truth .... Archives have no soul" (21). She says she writes down her memories "in order to console herself with the knowledge that her memory never lets her down" (40).

Alex is the daughter of Greek parents, and met Hilary Gray, whose parents are Anglo-Celtic Australian in Egypt. She married him and had a daughter, Hilda, and a son, Hal. Alex is always dissatisfied with herself, as she feels she neither belongs anywhere, nor believes in anything; she is just floating without any solid sense of value:

> *Had I been a nun I could have told my beads. I could have meditated if I had been a Buddhist. I could have done almost anything if I had an identity, like the furniture inside this house or dahlia the other side of the window. But I hadn't found the frame which fitted me. (49)*

Alex is diasporic with Greek parents, married to a man of Anglo-Saxon background, but living in Egypt. She does not have any sense of belonging, always feeling she hasn't found the "frame" which fits her and into which she desires to put her stable inner self. She is even unable to define herself as a man or a woman: "... I who have had men, women too, have never been consummated in a true sense" (57).

Alex simply floats in the memories between her parents' home in Greece and the place where she lives, between the present and the past, between a man and a woman, never grasping who she is, never feeling fulfilment. In order to fill this void, Alex writes her memoirs, as "... words are what matter. Even when they don't communicate. That's why I must continue writing. Somebody may understand in time." (86) Alex writes her memoirs in order "to confirm" that she is she (96), although she is not sure of her identity.

Alex is from a Greek family; her father is Stepho Papapandelidis and her mother Aliki Xenophon, but she married Hilary Gray, whose father is an Anglo-Saxon Australian, Henry Gray, and whose mother, Magda Demirjian, was the daughter of Diacono, the Syro-Maltese station master at Benha (529). Magda, Alex's mother-in-law, comes to Cairo, Egypt, to work and has a son, Hilary, who meets Alex, a Greek girl, in Alexandria. These characters are located in peripheral cities, neither in central Europe nor central Asia, but floating in between.

Alex's background undoubtedly echoes Patrick White's background. White's parents were Anglo-Celtic Australians who immigrated to Australia from England, and his father was a so-called squatter, the owner of a big stock farm. White traveled around Europe, America, and stayed in North Africa, Middle East, and Greece during World War II. He met his Greek partner in Alexandria, Egypt, during the war. It could be said that White wrote this novel using his penname, Alex Xenophon Demirjian Gray, but she is a character White created as his inner self. The novel appears to be a theatre drama about Alex's memoirs edited by White, since "some of the dramatis personae of this Levantine script could be the offspring of my psyche" (16) as White commented in the "Editor's Introduction."

Alex has a daughter, Hilda, and a son, Hal. They are diasporic with blended ethnicities. For them, there is no such thing as lineage in their national, cultural, or ethnic backgrounds. Alex cannot communicate well as a mother with her children. Although Alex has issued her son from her womb (53), he would never admit this, and Alex is ready to agree:

> We have never had this conversation and I expect we never shall. I might have it with old Patrick, who was, I suppose, my collaborator in, not so much inventing Hal, for I cannot deny he originated as Hilary's sperm, but as creators of the finished wretch. (53)

Although Alex cannot communicate well with her son, she feels that Patrick, Hal, and herself have something in common: "He was what Patrick and I both looked for as part of our complicated, many-faceted lives." (53) But Alex is rather afraid of Hal, because "Hal is entirely Alex, descended from the Xenophons, the Papapandelidis, and regrettably, from the other end of the scale, the Demirjian-Diacono-Bogdarlys, and many other crypto-relatives" (56). Alex is not sure who her son is, or of his identity, just as Alex herself is not sure who she is. Hal seems to have something Alex does not understand and can never reach, just as "Patrick himself is in search of the unanswerable, the unattainable" (88). Alex struggles for her identity but floats forever although she certainly exists physically as supported by her own legs, but she turned and ran, "anywhere into formlessness of time and space" (83). She finds out finally that explorers like herself, who try to find out what they are, stop at nothing (89).

Alex is a searcher just as White himself was, and becomes a stage actress. In Alex's mind, she has lived with many faces from the past, and she is not sure which face is her real one; thus her identity becomes ambiguous, and she can become anybody. This could be the very reason why Alex became a stage actress.

> *I stoop and pick up a snapshot lying in the middle of the street. The figure at least is mine, limbs daubed with Nile silt, crimson talons, lacquered toenails, except for the one removed by jamming in a door. But the face has come out blurred, it could be anybody's. (140)*

Alex's body definitely exists because she can feel she "sinks down exhausted at last into the earth from which we have come and to which we shall return" (137). However, she cannot feel the real thing in her life, but instead, she feels it in her illusions, fantasy or dreams. She is lost "in the mist of memory, gathering together strands from the past, focusing in my mind's eye, scenting cleanliness in my nostrils" (160). On the stage, she is able to play various roles and act any part. She feels she can be her real self only on the stage. Her daughter Hilda, however, is not interested in her theatre performances, as she is the kind of person, "who dismisses theatre as illusion."

Alex's company makes a provincial tour, and at the end of the tour, everybody goes home. But she feels the theatre has become her home:

> *The theatre has become my home. How can I face the ghosts from the past which intrude nightly from the Park and lurk in every cupboard in the house? For that matter, the living ghost my daughter. (161)*

Alex does not feel at home anywhere except on the stage. At her real home, she is oppressed by the ghost from her past; "the living ghost" that is her daughter. Her daughter represents her past; she is descended from both Alex and her husband, Hilary, and Hilda is, therefore, blended from Greek, Anglo-Saxon, and other ethnicities. Alex feels confused about her own background but becomes even more confused in her relationship with her daughter, Hilda, who has an even more complicated background.

For Alex, the theatre has become her home, where she acts of her "own free will" (168). She is free to play various characters on the stage, and she is also free to write at the same time. She does not have any labels and so she freely crosses the borders of nationality, culture, ethnicity and gender. If acting on the stage frees her from those labels or borders, she is free in the horizontal position, while if writing her memoirs frees her from the past, she is free in her vertical position. She needs to be balanced in both positions:

> So I am restored to the living. In the beginning, I can scarcely keep my balance in this world of light. If I sit, I float horizontally like the moored boats I see through my window. The window is barred, but the bars do not prevent the interchange of sensation between myself, trees, the boats floating in this radiant back water. If I try to wrest myself from the horizontal and attempt the vertical position normal to waking human beings, I am threatened with toppling unless I reach out and support myself on the nearest piece of furniture. (173)

She thus survives with her diasporic background and is now free to become anybody on the stage and free to write her memoirs of her own volition:

> Now that I am free to write, shall I ever dare begin to sort out my disordered thoughts? It is a frightening prospect. I sit with my hands back to back, held tightly between my knees. I reel if I look inside my churning abyss of a mind. But I must MUST remain in the vertical position. Reason's posture is vertical, like Hilda's spinal column. (174)

Alex feels now her diasporic identity on the stage in the horizontal position, believing that: "Names are important. I can never have enough of them myself. A freshly acquired name gives me a fresh leave of life." (177) Having her home on the stage, she is now able to become anybody, without becoming anybody in particular. While she is free to act on the stage, she is also free to write, sorting out her own "disordered thoughts." In order to keep her vertical position, she writes her memoirs and gives them to her daughter, Hilda, who takes over Alex's "vertical position," that is "reason's posture", that of a "spinal column."

In this novel, White attempted, through the character of Alex, to question what writing is, who the author is, and finally, the author's identity in the modern age. These questions were also examined by many modern philosophers and critics such as Michel Foucault and Roland Barthes. White, in this novel, attempts to verify the fact that, in the modern world, the author's identity has become blurred and ambiguous when writing novels and, as a result, the subjectivity of the author has disappeared, and hence, led to "the death of the author." However, White shows this not in the form of philosophy or criticism, but in the form of literary work. What White attempted to do in this book is exactly what Barthes demonstrated in his article, "The Death of the Author."

In his *Memoirs of Many in One*, White made the god-like function of the author disappear, and made him an "editor," which might be equivalent to Barthes' "scriptor." Both "editor" and "scriptor" are deprived of their oppressive control of authorial consciousness and their meanings displaced to text.

IV. Conclusion

In the modern age, society has drastically changed, and the author's background has become very complicated, mixed or blended, so that the modern text does not reflect any single, stable or definable meaning, but a plurality of meanings. As a result, the function of the author has not remained the same, but has disappeared and become something else.

As Barthes points out, the modern text has become a multi-dimensional space in which a variety of writings are presented, but none of them are original, being blended and dissonant. The text is just like a textile fabric woven from a tissue of quotations drawn from innumerable centres of culture. This notion leads the modern text to a new conception of intertextuality that eliminates the central, controlling power of authorial consciousness, and is not fixed in a specific, identifiable framework without origin. The modern text has, therefore, neither centre nor subjectivity, and this fact leads to Barthes' phrase, "The Death of the Author." The author is replaced by a decentred system of language.

Foucault's notion that "All the discourses, whatever their status, form, value, and whatever the treatment to which they will be subjected, would then develop in the anonymity of a murmur" (222). As a result, in text created by a modern author, it is quite difficult to identify "Who really spoke?" The author's identity/subjectivity thus disappears, and this results in the resolution of Barthes' "The death of the author."

Patrick White considers himself a diasporic writer, being both Australian and European, and positions himself as a peripheral writer. Works created by diasporic writers are discursive and outside defined sense of values but present plural or multiple meanings, and this was proven in *The Twyborn Affair*.

The Twyborn Affair reflects such complicated features as its central character being alienated from any place and time, floating from country to country, and crossing national, ethnic and cultural borders, and even the border of gender. White wrote this novel not in order to attempt to construct his identity/subjectivity as an Australian writer as in his previous works, but to attempt to make it rather ambiguous without distinguishing his national, ethnic, and cultural as well as sexual identities. *Memoirs of Many in One*, White's last completed novel, is about Alex Xenophon Demirjian Gray's memories which are "edited," not "written" by Patrick White. In this book, White shows the uncertain identity/subjectivity in modern literature by using his central character's memoirs. White clarifies the function of authorship in this last novel, and at the same time, claims its disappearance from the novel.

This paper thus examined how, in his writing, Patrick White deals with the author's function and the disappearance of his/her subjectivity/identity focusing on White's last two novels and investigating how these novels are associated with the notions of Roland Barthes' "The Death of the Author" and Michael Foucault's "What is an Author?"

References

[1] Barthes, Roland. "The Death of the Author." *Authorship: From Plato to Postmodernism: A Reader*. Ed. Sean Burke. Edinburgh University Press, 1995. 125–130. Print.

[2] Bennett, Andrew. *The Author*. London: Routledge, 2005. Print.

[3] Bliss, Carolyn. *Patrick White's Fiction: The Paradox of Fortunate Failure*. London: Macmillan Press, 1986. Print.

[4] Foucault, Michel. "What is an Author." *Aesthetics, Method, and Epistemology: Essential Works of Foucault 1954–1984.* Ed. James D. Faubion. Trans. Robert Hurley and Others. Vol. 2. London: Penguin Books, 1998. 205–222. Print.

[5] Leitch, David. "A Revealing Profile, Patrick White: An Intriguing Portrait." *The National Times,* 7 March–1 April (1978): 33. Print.

[6] Marr, David. *Patrick White: A Life.* Sydney: Random House Australia, 1991. Print.

[7] McCann, Andrew, "Decomposing Suburbia: Patrick White's Perversity." *Australian Literary Studies.* 18.4 (1998): 56–71. Print.

[8] McMahon, Elizabeth. "The Lateness and Queerness of *The Twyborn Affair*: White's Farewell to the Novel." *Remembering Patrick White: Contemporary Critical Essays.* Ed. Elizabeth McMahon and Brigitta Olubas. Amsterdam: Rodopi, 2010. Print.

[9] Said, Edward. *On Late Style: Music and Literature Against the Grain.* New York: Vintage Books, Random House, 2006. Print.

[10] Patrick White. *The Aunt's Story.* 2nd ed. 1948. Eyre & Spottiswoode; Harmondsworth: Penguin Books, 1981. Print.

[11] .... (Looking at the previous entries, it seems that it should be a period here, not comma. However, please check with your style guide, as I may be wrong.)*The Flaws in the Glass: A Self Portrait.* London: Jonathan Cape, 1981. Print.

[12] .... *Memoirs of Many in One by Alex Xenophon Demirjian Gray.* Ed. Patrick White. London: Jonathan Cape, 1986. Print.

[13] .... *The Twyborn Affair.* 3rd ed. 1979. U.K.: Jonathan Cape; Ringwood: Penguin Books Australia, 1981. Print.

Yasue ARIMITSU is Professor Emeritus, Doshisha University, Japan.

文学文本的未定性与读者的具体化过程
——从读者反应理论视角解读《上海舞》

王敏芙　颜静兰

摘要：《上海舞》是布赖恩·卡斯特罗创作的虚构性自传体小说，讲述主人公安东尼奥的"寻根"之旅。卡斯特罗出生于多元文化家庭，为摈弃本质主义身份标签，他大量运用现代主义写作技巧，使文本充满了不确定性，给读者留下丰富的想象与解读空间。本文从沃尔夫冈·伊瑟尔的读者反应理论出发，分析造成文本未定性的手段以及读者的具体化过程。伊瑟尔认为文学文本是一个吸引读者与文本进行双向交流的召唤结构，包含空白和否定两大要素，意义乃是交流活动的产物。《上海舞》中的"空白"主要由碎片化情节实现，给家族秘闻蒙上重重疑云；而"否定"则打破了读者关于两性关系和家族关系的习惯视界。

关键词：布赖恩·卡斯特罗；《上海舞》；召唤结构；读者反应批评

Indeterminacy and Concretization of Literary Text: A Reader-Response Analysis of *Shanghai Dancing*

Wang Minfu　Yan Jinglan

Abstract: *Shanghai Dancing* is an autobiographical fiction of Brian Castro which has won several major literary awards in Australia. In his writing, Castro employs plentiful modernist techniques to abandon the essentialist labeling of identity and to establish his own voice. This leaves much indeterminacy in the text and allows for the reader's boundless imagination and various interpretations. Based on the framework of Reader-response Theory put forward by Wolfgang Iser, the study analyzes those writing techniques which contribute to indeterminacy in this literary text as well as the reader's concretization of the spots of indeterminacy. It is discovered that in *Shanghai Dancing*, blankness is created mostly by fragmentary plots, while negations re-figure the reader's familiar repertoire of sexual relations and familial relations.

Key words: Brian Castro; *Shanghai Dancing*; Response-Inviting Structure; Reader-Response Criticism

一、引言

　　澳大利亚华裔英语文学兴起于 20 世纪 80 年代中后期，得益于澳政府推行的多元文化政策。由于澳洲主流社会有着根深蒂固的种族主义和殖民主义思维，因此这些华裔澳洲作家是带着一种责任感去创作的，他们须打破加诸身上的本质主义标签，建立起自己的话语，在写作中重塑中国和华人的形象。简言之，当代华裔澳洲文学"始于对主流话语的反抗和颠覆，终于对自身本质和中国文化的追寻（王丽萍 2003: 121）。"

1950 年，布赖恩·卡斯特罗（Brian Castro，以下简称"卡斯特罗"）出生在中国澳门到香港的一艘海船上，从此在他的潜意识里种下了"无根"的烙印。他的父亲是葡萄牙人，母亲则是中英混血。卡斯特罗从小在香港长大，会讲英语、法语、葡萄牙语和广东话等多门语言。卡斯特罗的创作被评为"高度现代主义"，他善于利用戏仿、拼贴、碎片化情节和时空交错等手段创造性地表现澳洲华裔移民的生存状况，进而引发对文化身份的思考，是澳大利亚华裔文坛最杰出的作家之一。迄今为止，他已出版了十一部长篇小说，摘得过数枚重量级文学奖项。《上海舞》是卡斯特罗的第七部小说，曾获 2003 年维多利亚州总理小说奖、2004 年克丽丝汀·斯泰德小说奖，并被评为新南威尔士州 2014 年度最佳小说。这部虚构自传体小说被《时代报》（*The Age*）评为"卡斯特罗作品的集大成者"。

主人公安东尼奥·卡斯特罗出生在中国香港，十岁便被送到澳大利亚的寄宿学校，四十年后他毅然放弃安定的生活，只身回到中国追寻家族的过去。他在上海、香港、澳门和重庆之间来回地跳着舞步，而关于祖先的记忆要追溯到更广阔的时空——位于利物浦的基督教青年会、宗教审判年代的葡萄牙殖民地、殉道者被钉死的长崎……通过各色人物的叙述和书信，安东尼奥不断更新对家族和自我的认知。吉拉蒙多出版商伊沃·印迪克先生（Ivor Indyk 2016）认为，《上海舞》的魅力在于其丰富的层次感，小说以一种颇为浪漫的方式把社会历史的复杂主题包裹在家族史中，围绕着记忆和追溯缓缓展开。

国内外学者对《上海舞》的研究主要从主题的多元化和写作手法的现代性角度入手。《上海舞》的中文译者王光林（2005: 56）运用福柯的"异位移植"理论，阐释华裔散居作家打破文化身份限制，追求更多创作自由与创作空间的努力。王晓丹（2011: 155）分析了小说中的三种"间质空间"：过去与现在、虚构与真实、语言与图像，认为"间质空间"打破了传统的二元对立关系，消解了人物的身份。马丽莉和陈宝柱（2014: 165）讨论了主人公安东尼奥·卡斯特罗身份上的迷失、不确定性和自我建构，认为安东尼奥是通过离家和性两种途径完成自我身份建构的。哈勒迈尔（Hallemeier 2011: 125）研究了自传体在《上海舞》小说中作为一种杂糅手段的应用，她认为在卡斯特罗这里，自传体是一种不确定的体裁，是存在于虚构和历史以外的空间。因此，自传体成了挑战本质主义文化身份的有效手段。坎贝尔（Campbell 2014: 253）通过《上海舞》中的一系列插图、模态和语篇揭示出文本中强烈的反东方主义思想。卡斯特罗将事实、虚构、理论、神话等诸多元素编织在一起，实现了超越体裁的表达。

布瑞南（Bernadette Brennan）在 2008 年出版的《布赖恩·卡斯特罗的小说：诱人的语言游戏》（*Brian Castro's Fiction: The Seductive Play of Language*）是唯一一部研究布赖恩·卡斯特罗作品的专著，对他的八部出版小说作了开放性解读。她提出，卡斯特罗出于对普鲁斯特、卡夫卡、伍尔夫、乔伊斯等 20 世纪现代主义文学大家的热爱，在创作中频繁发起与这些作者及其作品的对话。卡斯特罗的写作风格大胆新颖，颇具实验性，他在叙事中融入丰富的互文指涉，旨在调动读者的想象力，鼓励读者去接受文本中的异质性与不确定性。卡斯特罗曾说过，他最爱读的一类小说是读者无法立刻理解、需要寻找蛛丝马迹来发掘真相的小说。卡斯特罗非常重视与读者之间的互动，在创作时有意识地向读者发出"游戏邀请"，他设置了叙述上的空白、空缺、多重视角等等，期望他的读者做出必要的想象联结，加入文本的创作中。

本文以沃尔夫冈·伊瑟尔（Wolfgang Iser）的读者反应理论（Reader-response Theory）为指导，从"空白"和"否定"两个基本要素的角度，分析阅读《上海舞》的过程中读者与文本之间的交流互动。《上海舞》文本中的不确定性在消解意义的同时，也解构了单一固定的文化身份，把读者的目光引向作为"边缘人"的族裔散居人群。

二、伊瑟尔与文学文本的召唤结构

伊瑟尔是德国康斯坦茨学派的奠基者之一，与姚斯（Hans Robert Jauss）合称为接受美学的双星。接受美学指以读者为中心的文学理论和批评，主张读者在文学作品的意义生成中有不可或缺的关键作用，历史性地把文学批评的焦点转移到长期被忽视的读者身上。

伊瑟尔的理论基础主要来源于波兰现象学美学家罗曼·英伽登（Roman Ingarden）的现象学文论，致力于对文本结构内部的阅读反应机制作一般的现象学分析，考察文本引起读者反应的特性和读者使文本"具体化"的阅读行为，故他倾向于将自己的理论称为"反应研究"。伊瑟尔的代表作有《文本的召唤结构》（1970）、《隐含的读者》（1974）、《阅读活动：审美响应理论》（1976）等。

"文学文本的召唤结构"是伊瑟尔提出的一个重要概念，受英伽登的"未定点"影响较大。英伽登强调意识的意向性活动，将艺术看作是纯意向性客体，而意向性客体与实存客体、观念客体的区别在于它是一个包含许多未定点（spots of indeterminacy）的图示化纲要，只有读者通过认知行为将这些"未定点"具体化，美学客体才真正被建构起来。伊瑟尔采用了英伽登的这一观点，把文学文本看作是包含许多未定点的意向性客体，未定点来源于读者与文本之间信息的不对称性，于是有了读者与文本之间的交流互动。一方面，读者根据上下文进行合理推断，填补或消除未定点，生成新的意义；另一方面，文本提供的信息、已知与潜在信息间的制约和扩张关系都在规范着读者创造性阅读的方向和程度（Iser 1978: 168–169）。正是在这种双向动态作用中，读者被赋予了文本的合作者身份，将作者未言明的部分揭示出来。文学文本所具有的召唤读者与文本发生交互作用的交流型结构就是"文学文本的召唤结构"。

伊瑟尔认为文学文本中的未定点由两大要素构成：空白和否定，它们控制着整个交流过程。"空白"指文本各级语义单位之间"中断了或被省略的可连接性"（Iser 1978: 284），如叙事的中断、视角转移时产生的空缺等等，读者要想填补或消除空白，须从上下文中寻找潜在关系，推断出被隐藏的信息，读者的想象性填补往往还会用到他们的人生经验。"否定"指文本对读者的习惯视界进行否定，习惯视界即个体自出生起所接受的一切社会现实，当受到挑战乃至颠覆时，就会引起读者的迷惘，读者进而反思自己头脑中的规范，随着阅读逐步调整习惯视界以适应陌生的文本。

伊瑟尔认为意义是文本意向与读者的意向性投射共同作用的结果，文学文本的未定点激发了读者探索和再创造的欲望，加深了读者对文本的理解；同时，读者个体思维、经验的差异性导致了文本解读角度的多样化，赋予文本更多生命力。

三、《上海舞》中的召唤结构

布赖恩·卡斯特罗在《上海舞》文本中创造性地设置了许多未定点，给读者的阅读带来障碍，却也留下了丰富的解读空间，下面将从空白和否定两个方面具体分析读者与文本的交互作用。

（一）空白

小说中的空白主要体现在叙事手段上，卡斯特罗运用碎片化情节打破了阅读的连续性，引发读者思考。

《上海舞》中的许多故事如同叙述者头脑中的记忆碎片一样，无端地开始，随后又戛然而止。正如卡斯特罗写道："上海舞。从一根古老的线轴上抛一根线，得到的是方向的迷失和稳定性的消除（卡斯特罗 2010: 4）"，"在中国所发生的一切得拼贴起来（44）"，他给予读者提示——不要相信表面看到的，只有把线索拼贴起来才能接近真相。

整部小说情节像被随意编织在一起，平铺直叙，找不到矛盾冲突点。全书六十章（为方便讨论，笔者对所有章节编号，"枕边书"也算作单独一章，下文同）之间的逻辑关系不大，读者很难获得阅读其他作品时的流畅感。下面试以几则实例说明。

1. 雷基

安东尼奥的母亲茉莉·容是中英混血，在第三十四章中，她遇到了经营肥皂公司、还是一名飞行员的雷基·叶。第三十七章中，已经订婚的茉莉在上海给肥皂当广告模特。一天大街上突发爆炸，茉莉正在百货公司试衣服，机缘巧合之下，一丝不挂的茉莉被阿纳尔多解救。第三十八章中，雷基和茉莉结婚后便去了华北战场，很快他们有了两个女儿，雷基的结局是坠机身亡。而第一章中，阿纳尔多和带着两个女儿的寡妇茉莉在香港结婚，生下安东尼奥。这样茉莉的两段婚姻基本梳理清楚了。

然而还有一些细节暗示雷基的死不简单。第三十八章开头引言"空军预见不到自己的死亡（228）"，很明显这里的"空军"就是指雷基；在雷基去往华北战场前面，还有一句"第一个孩子来得太快了点（230）"，不免让人怀疑茉莉婚前与阿纳尔多有染。接下来一段又说"阿纳尔多在等待时机。他很善于等待时机"，读者也许会猜想阿纳尔多在等待一个把茉莉占为己有的时机。下文中阿纳尔多对八九岁的儿子说起陈年旧事，他有个当空军的熟人叫雷德曼，一次雷德曼说要接收一架被称为"西蒙"的法国飞机，以坠机出名，阿纳尔多说可以给他推荐一个艺高胆大的飞行员来进行测试，这个人可以和俄罗斯人一起飞到华北去体验一下。雷基就是在乘"西蒙"飞机去中国时坠机的。

由此诞生了一种阴谋论猜想，那就是阿纳尔多为了得到茉莉而一手策划了雷基的意外，那么读者眼中的阿纳尔多就会变得卑鄙冷酷。同时又有另一种猜想，即阿纳尔多是真的想到了雷基的飞行才能，于是推荐了他。第三十八章结尾提到，雷基忘记了维修变距螺桨，由于日军轰炸不得不在半夜离开，而且他从没飞过山峦，可见这些因素才是造成雷基之死的直接原因。以上两种截然不同的解读会使阿纳尔多的人物形象发生重大改变，读者还可能有其他解读，在此基础上原文就有了丰富的意蕴。

2. 梅布尔斯

梅布尔斯的身份是本书中最大的疑点，也是安东尼奥一直在追寻的真相。小说第一章，卡斯特罗用三个片段故事与一个噩梦将同父异母兄弟、梅布尔斯和夜盗者联系在一起。

安东尼奥的父亲阿纳尔多是一个风流成性的人，他一共有过三段婚姻，住在上海的时候与第一任妻子埃尔维拉生下一名男孩。埃尔维拉在生产后死去，这名新生儿有天生的残疾，医生暗示他活不了多长时间，阿纳尔多却不服输，遍寻医生，"他在这个孩子及其懒洋洋的笑脸上看到了跟他一样的意志（20）"。然而就在日本人入侵上海的前几天，他将孩子委托给一家机构后离开了。战后当他回到上海，孩子已经不知所踪，这成了他"良心的诅咒（21）"。

安东尼奥是阿纳尔多与第三任妻子茉莉所生，他还有两个同父异母姐姐和两个同母异父姐姐，而这个同父异母兄弟是一直笼罩在他心头的阴影。被送去国外前，安东尼奥一家曾在香港住过，那时房顶上住着一个脏兮兮的小矮子，头发很长。安东尼奥一家都很喜欢这个屋顶狂人，他们叫他梅布尔斯，他一无所有，只有"腭裂、驼背和伸到膝盖的猿人似的臂膀（22）"。阿尔纳多天天带狗到房顶上遛，茉莉每天晚上都会送饭上去，并带去一些他需要的旧物什，安东尼奥一旦能爬楼了就经常去找梅布尔斯。安东尼奥的学校离家不远，有一次他看见梅布尔斯从屋顶上放下一根绳子，将绳子围在自己的腰上，从屋顶吊下来，像猴子一样沿着房子两边来回荡秋千，并窥视着窗内。大一点的孩子拿弹弓射他但总也打不着，他优雅地旋转着。

小说的开头还讲述了一个夜盗者的故事。一天夜晚，小安东尼奥睡在自家卧室，突然一根绳头轻轻地敲在玻璃上——一个小偷爬到了窗台上，安东尼奥转头看见父亲用警棍敲了一下，随即夜盗者跌到了十层楼下摔死了。小偷的一缕头发给楔在了可口可乐广告牌的霓虹灯管上，安东尼奥将其粘在一本练习簿里，他希望要是小偷给挂在广告牌上就好了，这样他就能捡回一条命。没过多久，安东尼奥就被送走了。

夜盗者、同父异母兄弟、梅布尔斯，这三个人看似毫不相关，但卡斯特罗却暗示他们可能是同一人。在澳大利亚居住四十年后，安东尼奥独自来到上海，住在他父亲曾长期居住的和平饭店，有一天他梦见自己从和平饭店的屋顶掉了下来，双手紧握，以免被可口可乐广告牌砸到。他的同父异母姐姐睡在同一个房间，他还梦见有人在窗户那儿偷看，吊在绳子上荡秋千，而他父亲正拿着一根棍子站在阴影里……

安东尼奥的女友卡门说"这是一次意外"，安东尼奥接着说了一句奇怪的话"也许梅布尔斯就是我的同父异母兄弟"，卡门说"他没有将绳子围在自己的腰上"，安东尼奥说"他有过一次机会，他不在乎。我的同父异母姐姐拿他开玩笑，他一丝不挂地躺在那儿。关键是我父亲很少回家，通常情况下都是我拉下窗帘……此外还有台风警报……但是我很好奇，看着他看着他们（23）。"

把这个噩梦与夜盗者的故事相映照，读者不难发现其中的端倪。梅布尔斯喜欢把绳子从屋顶吊下来，围在腰间来回荡秋千，而且技术娴熟，可以优雅地转圈，轻松躲过弹弓攻击；而夜盗者的故事里，安东尼奥首先听见一根绳头轻轻敲在玻璃窗上，所以小偷不是从下面爬到窗台上，而是从上面吊下绳子，梦境里这个人还在窗户偷看、吊在绳子上荡秋千——这一大胆举动不像盗窃者所为，却是梅布尔斯的特长。也许这一切正如卡门所说只是"一次意外"，单纯的梅布尔斯与安东尼奥的同父异母姐姐打赌，没有把绳子围在身上就吊下来荡秋千，却被因台风警报赶回家的阿纳尔多当成小偷，最终坠楼身亡，而年幼的安东尼奥茫然地目睹了整个过程，后来一些细节随时间徐徐浮出水面，他开始对当年自己被送走的原因产生怀疑。另外，小偷的一根头发被楔在霓虹灯管上，又被安东尼奥粘在练习簿里，那么想必他的头发很长，而梅布尔斯的外貌特征之一就是"头发很长"。但是"梅布尔斯 = 夜盗者"仅仅是文本线索基础上的一种合理解读，因为安东尼奥梦见自己从和平饭店的屋顶掉下，从一开始就说明这个梦是虚虚实实的，读者可以有其他的推断。比如第二十六章又提到了九岁时的一次"台风警报"，家里的窗户被栅木板封死以预防台风，因为"据说有人给台风吸了出去，落到可口可乐广告牌上（156）"，这个人也许是夜盗者？梅布尔斯？抑或是其他居民？模糊的叙述给文本留下了许多空白和阐释空间。

另一个命题"梅布尔斯 = 同父异母兄弟"是安东尼奥亲口所说，那么两者之间有何关联呢？

首先，梅布尔斯有腭裂、驼背，还有着伸到膝盖的猿人似的臂膀，而安东尼奥同父异母的兄弟在新生儿时期就被医生诊断为有严重的伤残。其次，安东尼奥对梅布尔斯有天生的亲近感。对年幼的安东尼奥来说，不常回家的父亲、郁郁寡欢的母亲，加上争吵不休的四个姐姐，组成了一个无法称之为幸福的家庭，而梅布尔斯居住的屋顶却是"难以企及的自由和荒野（187）"。第三十一章写道，有一年圣诞夜，父亲忙于工作没有回家，母亲则因为抑郁显得尴尬，最后安东尼奥提议大家去屋顶看看梅布尔斯——让五个孩子离开房子是解决母亲压抑的外交手段。孩子们彼此挑战看谁能送一件没有打开的礼物给梅布尔斯，结果他们都看到了自己没得到的东西，梅布尔斯把他的礼物与众人分享。后来，安东尼奥的同父异母姐姐斯特拉说了讽刺他母亲的话，同母异父姐姐维也纳就同她扭打起来。安东尼奥觉得"难得一现的幸福记忆也消失了"，同时又悲哀地想到"幸福根本就不可能存在"，只有梅布尔斯很开心，"因为他根本就不会想（188）"，可以说梅布尔斯身上那种无忧无虑的特质吸引着安东尼奥。然而，小说后半部分的种种迹象表明同父异母兄弟已夭折在上海，第五十九章提到阿纳尔多"想到了没有活下来的孩子（390）"。

事实上，卡斯特罗没有给出明确的答案，而是在文本中广布线索，安东尼奥在拼贴过去，读者也在构筑自己的见解，哪些线索是关键的，哪些是可以忽略的，哪些又是自相矛盾的，这些判断与读者的个人经验密切相关。通过在遥远的数条线索之间架起桥梁，空白被推翻，取而代之的是全新的意义，有些或许是作者本人也没有想到的。跳跃的叙事节奏让人想到《上海舞》中多次出现的爵士乐，卡斯特罗运用爵士乐即兴演奏原则来组织材料，赋予故事一种自由节奏，暗示主人公处于"漂泊无依"的生存状态。

（二）否定

除了大量的空白，卡斯特罗还通过"否定"打破了读者的习惯视界。《上海舞》里描绘的两性关系和家族关系是在特殊的历史文化背景下演变出来的，促使读者创造新的思维视界，在其中考虑人物的身份及关系。

1. 两性关系

安东尼奥出生在一个典型的跨文化重组家庭，父亲阿纳尔多是葡萄牙裔，母亲茉莉则是中英混血，他们各自都有过婚姻，文中多次出现"四分之一杂交种"和"八分之一杂交种"暗示了安东尼奥对自己身份的困惑。

阿纳尔多是个风流成性的人，身边总是有两三个女人。安东尼奥从小就跟着父亲出入上海的舞厅和俱乐部。对安东尼奥来说，在两性问题上父亲给他留下了巨大影响，阿纳尔多甚至教过他如何脚踩几条船不被发现。当他目击女友卡门和另一个男人走进饭店时，他的心理活动是"感到了背叛，同时又奇怪地觉得自己自由了（12）。"而当卡门又来找他时，安东尼奥决定再给她一次机会。几个月后，他在香港得知卡门终止了怀孕，用他的名字和伪造的结婚证拿到了护照，去巴黎学习时装摄影。安东尼奥没有因为卡门的欺骗而恨她，只是感到绝望，继而想到"她已经具备了一名模特所具备的款款细步。他们在巴黎用不着教她多少。"安东尼奥坦然接受了这一切，因为从父亲那里他很早就了解了女人，对爱情的不信任由来已久。

　　第二十八章"游戏规则"围绕一支失而复得的祖母绿威迪文水笔，暗示了安东尼奥的父母之间并不稳固的两性关系。起初，这支祖母绿水笔是恩里克送给堂弟阿纳尔多的第一任妻子埃尔维拉的调情礼物，却被埃尔维拉扔进了马桶，后来被女仆捞起来交给了阿纳尔多。二十五年后，在香港的某个诗歌朗诵会上，这支笔又被雷德曼夫人当作奖品送给了安东尼奥。原本在阿纳尔多手里的水笔怎么会到了雷德曼夫人手里？本章开头"但（我父亲）却没有意识到他的老板查尔斯·雷德曼是一名前英国陆军上尉，而他的太太……唉。现在，'回报'的时候到了（161）"，暗示了他与雷德曼夫人不寻常的关系。此外，阿纳尔多还和好兄弟的妻子卡维塔私通，安东尼奥推测他的同父异母姐姐就是这么来的（139）。

　　与阿纳尔多的放浪不羁相对，茉莉来自一个"隐遁、害羞、偏执（168）"的中国家庭"容家"，但这样的家庭却对男子纳妾极为宽容——"中国式的婚礼不是法定婚礼。所有的约束都跟经济有关，小妾非常经济，为他地位的上升做好了准备"，"有钱的人可以分享（小妾）（127）"。茉莉的父亲维吉尔·容在迎娶英国妻子多拉后，又纳了几个小妾，对他来说没什么新奇。从小在这种文化浸染下长大的茉莉性格温柔矜持，"她永远也不会和一个西方男人平起平坐（222）"，所以在和阿纳尔多的婚姻中茉莉扮演了包容者的角色。

　　外祖父维吉尔和多拉的关系也耐人寻味。多拉随哈里来中国传教前，哈里说"如果我们一起去中国……需要的并不是激情（42）"，多拉恍然领悟他们的爱是基督教之爱，他们为了共同的理想缔结婚姻。在重庆的基督教青年会，他们结识了当地军阀的儿子维吉尔。多拉和维吉尔暗生情愫，后来维吉尔的父亲派人谋杀哈里未果，维吉尔又背叛父亲加入了辛亥革命。在一次与军阀的对峙中哈里丧生，八个月后，多拉嫁给了维吉尔，因为太快而成了一桩丑闻。然而两人的婚姻也称不上幸福，崇尚东方美学的维吉尔成了一名整形外科医生，他"一时兴起娶了这个强壮的女人（118）。"雪上加霜的是，维吉尔爱好女人的莲足，多拉却加入了反裹脚联盟，随后又被选进国际反鸦片协会，多拉杰出的外交才能使她在布尔什维克运动中扮演了重要角色，维吉尔不得不给多拉写了分手信。后来，维吉尔在他的书房中度过了半生，连安东尼奥也只见过他两三次，多拉则创办了女校、教授英语单词，身边站着一位神秘的黑人摄影师。

2. 家族关系

安东尼奥说"我们家的人都不亲近（38）"，他十岁被送到澳大利亚的寄宿学校，许多年后才与父母团聚。幼时记忆里，安东尼奥谨小慎微地躲避着姐姐们的争斗，"在家庭风暴的中心，我孤立无援。安静；做茧包藏（152）。"

阿纳尔多是小说中除安东尼奥以外着墨最多的人物，两人之间纠结的父子关系也反映出复杂的家族关系。首先，阿纳尔多是男子事业有成的代表，他在战前的上海拥有自己的船运公司，长期租住和平饭店，整日跳舞、打球、饮宴作乐，许多年后听着父亲扣人心弦的叙述，安东尼奥大概也幻想过那样的上层生活。其次，在儿子的教导上阿纳尔多是严父，要求他每天锻炼，吃苦耐劳，用湿报纸敲打他的耳朵，因为乱丢西瓜皮而把他痛打一顿，所以小安东尼奥在父亲面前总是怯懦顺从。同时，阿纳尔多也有鲜为人知的温情一面。从罗伯特伯父那里，安东尼奥得知他的同父异母兄弟早已不在人世，阿纳尔多唯一一次悲伤流泪，因为他对那个残疾的孩子做出了很多承诺。孩子出生时，阿纳尔多对着他读书；孩子夭折后，阿纳尔多在他的墓顶放了一只天使，继续对着他读书。后来，位于上海的墓地被飞机轰炸，这件事成了阿纳尔多一生都无法跨过的坎。

表面上看，父子俩的关系比较疏离，甚至安东尼奥的内心深处始终无法原谅父亲把他送走。他自觉"从没感受到对父辈应该是什么样的感觉……也许是热爱；不多，不少（11）"，但在阿纳尔多失足掉进下水道淹死后，安东尼奥在暴风雨中赶着山路放声嘶吼。料理完后事，他独自来到上海搜索父亲生活过的痕迹、打听同父异母兄弟的下落，可以看出他其实非常在乎自己在父亲心中的位置，害怕被其他"儿子"替代，安东尼奥对父亲的爱是压抑的，但不少于任何人。最后，外祖父维吉尔的枕边书解开了安东尼奥的心结。上海沦陷后，是外祖父帮了阿纳尔多一把，允许他驾船穿过国民党控制的运河，作为代价，阿纳尔多把一切都卖给了维吉尔，但后来他又想给他的儿子——安东尼奥收回一部分。可见，阿纳尔多考虑过安东尼奥的未来，想给儿子留下一笔遗产，又怕他好吃懒做，于是严格地磨炼他，这也是父爱的一种形式。

小说中，安东尼奥始终在追寻自己的身份，或者说一种稳固的家族关系，但借由维吉尔的书信，卡斯特罗点明这是不可能的。阿纳尔多的长子不在了，但是在遥远的横滨，他的日本情妇生下了一个男孩，男孩夺走了剩下的东西，不用说还会有其他私生子出现，而安东尼奥的"自然状态就是一无所有（395）"。这一结论悲哀且消极，但准确地刻画出族裔散居人群的生存状态——永远是个边缘人。母亲去世后，安东尼奥想："失根意味着失去了本能的爱，但也意味着无拘无束、充满了痛苦的自由（346）。"他曾向往梅布尔斯那种无拘无束、充满野性的自由生活，然而当他失去一切，穷得只剩下自由的时候，他感到了孤独。

四、结语

卡斯特罗的作品经常被归为亚裔澳大利亚小说或澳大利亚后现代主义小说，他对这种身份划分持有不同的看法："我是一名作家。将一个民族形容词放在一个作家的前面必然会给他贴上标签，阻碍一切想象经验的出现。对我来说，这意味着永远无法按照某个生无定所的人的声音，或一名女性的声音，或一个小孩的声音来创作（王光林 2004: 209）。"这也是他特别喜欢现代主义的原因，因为现代主义给予作家许多不同的声音，而又不让他固定在某一个特定的声音上。卡斯特罗还认为，族裔散居作家有一个优势——他们代表了许多不同的文化。卡斯特罗的创意写作注重与读者的交流互动，使他的文本不局限于狭隘的文化观，而是探索人格中的多重能动机制，来自不同文化的读者都能从中找到属于自己的解读方式。

参考文献

[1] Bernadette, B. *Brian Castro's Fiction: The Seductive Play of Language* [M]. Amherst, NY: Cambria Press. 2008.

[2] Campbell, M. M. Brian Castro's Radical Disorientalism in *Shanghai Dancing* [J]. *Postmodern Studies*. 2014(50): 253.

[3] Castro, B. *Shanghai Dancing* [M]. Altarmon: Giramondo. 2003.

[4] Hallemeier, K. Writing Hybridity: The Theory and Practice of Autobiography in Rey Chow's "The Secrets of Ethnic Abjection" and Brian Castro's "Shanghai Dancing" [J]. *Antipodes*. 2011, 25(2): 125-130.

[5] Indyk, I. Brian Castro [EB/OL]. http://www.readings.com.au/interview/brian-castro. 2016-04-18.

[6] Wolfgang, I. *The Act of Reading: A Theory of Aesthetic Response* [M]. Baltimore: Johns Hopkins University Press. 1978.

[7] 布赖恩·卡斯特罗，著. 王光林，邹囡囡，译. 上海舞 [M]. 上海：上海译文出版社，2010.

[8] 马丽莉，陈宝柱. 迷失与孤独之舞：读布莱恩·卡斯特罗的《上海舞》[J]. 外国文学研究，2014（01）：163—166.

[9] 王光林. 摆脱"身份"关注社会——华裔澳大利亚作家布赖恩·卡斯特罗访谈录 [J]. 译林，

2004（04）：208—212.

[10] 王光林 . "异位移植"——论华裔澳大利亚作家布赖恩·卡斯特罗的思想与创作 [J]. 当代外国文学，2005（02）：56—63.

[11] 王丽萍 . 华裔澳大利亚文学刍议 [J]. 当代外国文学，2003（03）：120—124.

[12] 王晓丹 . 论《上海舞》中的身份建构 [J]. 当代外国文学，2011（03）：151—156.

王敏芙，华东理工大学外国语学院，硕士，研究方向：英美文学

通信地址：上海市华东理工大学外国语学院

邮政编码：200237

颜静兰，华东理工大学外国语学院，教授，研究方向：英美文学、跨文化交际

通信地址：上海市华东理工大学外国语学院

邮政编码：200237

简论蒂姆·温顿小说中的自然与历史主题

陈 弘

摘要： 蒂姆·温顿是当代澳大利亚最重要的小说家之一。其作品具有非常广泛和深刻的自然与历史主题。通过对自然环境的展现，温顿对澳大利亚历史，生命的意义与人类的归宿进行思索。时间和空间在他的作品中往往得到重组，进而起到重新审视和诠释历史的作用。

关键词： 蒂姆·温顿；澳大利亚文学；生态批评

A Study of the Themes of Nature and History in Tim Winton's Fiction
Chen Hong

Abstract: Tim Winton is one of the most important contemporary Australian fiction writers. His works have very extensive and profound themes of nature and history. Through his expressive delineation of the natural environment, Winton has in-depth thinking of the history of Australia, the meaning of life and the destination of mankind. Time and space are realigned in his works, so that history is re-examined and re-interpreted.

Key words: Tim Winton; Australian literature; Eco criticism

蒂姆·温顿（Tim Winton，1960-　）是当代澳大利亚最重要的小说家之一，青少年时期便开始创作，曾被称为澳大利亚当代文学神童。他21岁时出版的长篇小说《外海游水者》（*An Open Swimmer*，1981）获得了当年的《澳大利亚人报》/ 福格尔文学奖（*The Australian /*Vogel Literary Award）。蒂姆·温顿创作甚丰，他的长篇小说《浅滩》（*Shallows*，1984）、《云街》（*Cloudstreet*，1991）、《尘土音乐》（*Dirt Music*，2001）、《呼吸》（*Breath*，2008）分别于1984年、1991年、2002年和2009年获澳大利亚最重要的文学奖——迈尔斯·弗兰克林奖，还两次入围英国曼·布克小说奖。

一、蒂姆·温顿小说的自然主题

蒂姆·温顿的不少作品均与自然生态有密切关系。土地、丛林、大海、河流、村镇等不仅仅只是温顿作品的背景，而且更是他直面的主题，是温顿藉以思考生命意义与人类归宿的媒介。

温顿的众多作品具有内涵深刻的地域指向。在《分离》（*Scission*，1985）中，城市性与西澳大利亚的农村生活对立在一起，这种对立在《天眼》（*That Eye, the Sky*, 1986）中得到了强化，《天眼》为澳大利亚丛林赋予宗教神秘的超验色彩，通过主人公奥特对秘密的探索，体现人类对自然的理想追求。凡俗的社会生活与神秘的自然世界交织在一起，正如《洛杉矶时报》评论道，"小说强烈感人之处，在于人们生活中那些怪异的反差和平行之处被展现出来，加以审视，然后得到接受"。自然的神秘性也体现在《冬季的黑暗》（*In the Winter Dark*，1988）中那只捉摸不透、稍纵即逝的神秘野兽身上。自然的不可测与人内心隐藏的黑暗面相互穿插。在书中，面对左右着人类所处环境的强大的自然力量时，人类的存在显得无力和无能，人类的努力显得虚妄无谓。在短篇小说集《至少两个》（*Minimum of Two*，1987）和长篇小说《云街》中，安详宁静的外部自然环境与人物骚动易变的内心世界构成鲜明对比。例如，在《荒野》（"Wilderness"）等短篇小说中，广袤的澳大利亚丛林具有一种精神的意境，进而激发人物对内外环境的领悟和觉醒。土著民族对于自然的崇拜和亲近与西方传统对环境的强蛮态度形成泾渭分明的对照。长篇小说《浅滩》反映了西澳大利亚沿海地区的反对捕鲸运动，通过环境保护主题，体现人物的最后觉醒和他们自身的顿悟，被评论家卡洛琳·西（Carolyn See）称作"一部黑色的巨作，堪比（或者超过了）《白鲸记》"（See 5）。《蓝背石斑》（*Blueback*，1997）则更直接地描写大自然，通过主人公与一条生活在海湾珊瑚礁中的石斑鱼的相遇，体现普世的自然主题。美国评论家、阿拉巴马大学的凯·霍根（Kay Hogan）称它是"一个轻盈的故事，一个环保寓言，然而小说的语气绝不是说教式的，而充满了深刻的思辨"（Hogan 1998）。

《尘土音乐》则以大海为背景，通过一个爱情故事反映人类对于未知的无畏追求，对野性和自由的企求。在小说中，土著神话和宗教意识与西澳大利亚的土地与文化息息关联。小说通过白种澳大利亚人的经历，体验着澳大利亚的土著性。小说中对于景物的细致描写也是对自然历史与个人历史的重写。时间被扭曲，因而具有了象征意义，以对殖民与后殖民的历史进行反思，进而重述和重塑澳大利亚的文化身份与文化意识。

《呼吸》以虚构的西澳小镇安吉勒斯镇（Angelus）为背景，冲浪、游泳这些当地人们从小热衷的生活方式将人与自然直接、紧密地联系在一起。评论家阿依达·艾达玛丽安（Aida Edermariam）将温顿与海明威相较，认为在《呼吸》中"陆地和大海不能满足那种［海明威式的］对胜利的追求，而充满了突如其来的致命危险"，她进而指出，"在温顿这部小说中，时时潜藏着致命的暗流，无论是在海上，还是在陆地上，还是在心灵上。我们得以了解哪怕是最强健的身体，最勇敢的心灵，也会是如此脆弱，不堪一击"（Edemariam 2008）。小说试图在凡庸人生和非凡经历之间达成一种平衡，呼吸是一种普通的行为，但是当人在激浪中挣扎着吸气时，那便成为一种极不平凡的行为，"对那些挑战大海的人来说，那可以达到一种极乐，一种短暂的超越体验"（Riemer 2008）。安德鲁·里默（Andrew Reimer）将温顿与托马斯·曼加以比较，指出两者都试图展现"同样的那种首属于美丽与毁灭两端的悲剧困境……曼反映的是典型的欧洲文化，而温顿描写的则是几乎一尘未染的澳大利亚自然现实"（同上）。

著名澳大利亚文学评论家伊丽莎白·乔利（Elizabeth Jolley）指出：

> 土地并不仅仅是指树林、草地和山岭。它也包括拥挤的街道，也存在在贫民区的各种异味，也存在于富人区的富足，郊区住宅舒适的树篱，或者，举个更近的例子，还有昂贵的砖墙楼房，以及兴奋的人群。要通过感知、觉悟、想象的惊奇来了解自己，感受和辨认找到自身位置的社会中的自我影像，作者需要一方自己的土地。土地和人给作者以暗示，使其想象力复苏。在意识和潜意识中，作者寻找自己的身份，将其自己的环境转化成作品中的背景。（Jolley 73）

在一次采访中，温顿表示自己"开始小说创作时总是先考虑环境，希望想到某个我亲眼见过、使我深有触动的地方"（Ben-Messahel 103）。可以想见，对于温顿来说，他笔下的澳大利亚土地不仅仅只是一个地理或地形的存在，而是自然现实与心灵现实的交集，是他借以拷问人心，发掘人性与身份的场所。温顿的作品具有深刻的自然渊源，他认为自然哺育人心，孕育着个体的经验。他的小说常常置身于人文空间和地理空间的交汇处，两者不断交集、冲撞、积淀，由此塑造人类存在的精神与社会环境。正是通过土地，社会和个体身份得以被构建。

温顿将文化和环境有机地结合在一起。通过对大地的审视和发现，小说中的人物得以发掘其自身真实而复杂的自我。《外海游水者》和《天眼》的故事背景是温顿度过少年时代的西澳大利亚沿海小镇，故事中大海和原野折射出主人公扭曲破碎的自我，凸显出他们挣扎在童年和少年两个不同世界之间的窘境。丛林和荒原构成了主人公童年时代的活动半径。于是《外海游水者》中贾拉的世界就是从珀斯郊区到丛林，再到大海那一整片空间，他的内心斗争与这片空间夹杂交织在一起。

在《冬季的黑暗》中，压迫性的黑暗意象在一个怪异的环境中困扰着主人公，使得人物更加坠入内心的黑暗深处，而丛林则帮助主人公从内心的黑暗中解脱出来。穆雷·雅各布感受到自己的身体和林中鸟儿的啼鸣同步。用莫里斯·斯塔布自己的话来说，大地就是一个活生生的有机体。因此这部小说的主题就是人性的世界，将人暴露在原始而深刻的自然力面前。艾达·斯塔布感受到大地的回音，领悟到自己对荒原的归属。未知而神秘的土地使她觉察到自身的他者身份：

某个地方,他在某个地方。寒冷。泥泞。沼泽。断层。弯道。篱笆。她不停奔跑。到达。看着,不害怕……亲眼目睹着……她要亲眼去看。艾达奔驰着,她感受到感官的激荡,迷雾在面前散开。她早该面对它了。那只不过是丛林,只不过是泥土,只不过是天空。没什么可以害怕的。(*In the Winter Dark*,123)

二、蒂姆·温顿作品中时间与空间的关系

澳大利亚诗人莱斯·穆雷(Les Murray)认为,在澳大利亚,"时间被延伸拓展,于是才有了空间"。时间与空间的这种关系可以从温顿的小说中找到不少例证。《云街》中,过去和现在被重构,因而白人到来之前的原住民时代与现实生活和情境交织融汇。"你可以看到[土著人的]身影在水上浮现,他直视着你,而你可以看到在树影稠密的身后,人们聚集着,于是这至关重要的白日即将结束,你准备着,疑惑他突然又去哪儿了"(*Cloudstreet*,3)。

正如爱德华·萨义德(Edward Said)在其《文化与帝国主义》(*Culture and Imperialism*)中所指出的:

> 回顾过去是解释现在的最常见的策略。使用这种方法的原因只是由于对过去发生了什么和过去是什么样子产生了意见分歧;还有关于过去是否真的已经完全彻底底过去;或是对于它是否还在继续的不确定,尽管过去也许以不同的形式而存在。(萨义德 1—2)

温顿的作品对于历史和土地的关联有广泛、深刻的描述。对此,评论家格里姆·特纳(Graeme Turner)有这样的评述:

> 在澳大利亚的叙述中对于土地及其人群的执迷是非常强烈的。[历史上的]丛林传奇,对丛林的偶像化,这一切对于当代澳大利亚生存现实来说已经显得不合时宜,因此对于农业传奇是否还有意义,我们需要给予明确解释。即使在澳大利亚进入城市化、郊区化的时代,农业生活的理想依然经久不衰,这说明这样的传说具有意识形态和神话的功能,而不仅仅只是关联于澳大利亚过去和现在的历史条件。(Turner 32)

换言之,关于澳大利亚社会与文化的种种传奇也许只存在于历史中,人文环境也发生了重大的变化,但是由于自然环境的历久,印刻在环境中的历史隐喻会回映投

射到当代社会现实与文化生活中。于是，《云街》中的奎克·兰姆穿过小麦地带（the Wheatbelt）的大片麦田，经过一个个小镇，从西澳大利亚南部直至北部。这不仅仅是奎克在空间中的移动，更如同一次对于历史的英雄式的体验和沉浸。

在蒂姆·温顿的半自传体作品《大地的边沿》（*Land's Edge*, 1993）中，他强调了澳大利亚的广袤，指出时间对于这片土地几乎没有影响。通过心灵和精神的体会、领悟，包括他自己在内的澳大利亚文化人们试图发掘和定义自身的身份和意义。白人对于澳大利亚的占领和拓殖不仅仅只是一个过去了的历史事件，它重构了澳大利亚的存在，改变了这片土地的走向，使其成了一个完全不同的环境。从这个角度来看，时间与空间的碰撞经久、长期，影响久远。

温顿曾经说过，

> 我想说我感到自己与澳大利亚土著的关系更为密切，超过我感受到的与我的苏格兰祖先的渊源……我已经学会了亲近土地，但是这不能与土著民族对土地的真正归属感相比拟……我羡慕土著人民，因为他们和土地、和这个国家的精神合而为一。（Winton 1995）

在土著民族的认识里，土地不从属于人，相反人从属于土地。土地不仅仅是家园，而且更是人崇拜的偶像，一个与人有着脐带联系的所在。对于许多澳大利亚人来说，崇敬土著文化、接受土著信仰可以重唤他们对于环境的再认识。温顿与自然有着亲密的关联，他的作品充满了土地的影子，自然世界已成为他个人的内心世界。

因此，温顿笔下的人物与自然有着紧密的联系。他的小说往往探讨日常事务，细致地描述自然环境、社会环境和人物本身。通过对于历史的反思，城镇、荒原、大海、丛林也都具有了形而上的、超越时代和现实的意义。环境由此具备了超验的价值。

对温顿来说，土地就是他作品的主人公。他指出："我将土地、原野、大海、光的色彩、桉树的气味，这所有的一切都结合起来。我不能说这是一种新的土著性，但这是一种归属感"（Hefner 1991）。

在温顿的想象世界中，澳大利亚的广袤地域是一个有机的结构，它融汇了土地、历史、个体、感受。因此就像《云街》的奎克·兰姆一样，《尘土音乐》中的鲁·福克斯来到西澳大利亚北部，土地的精髓充盈在他的心灵中，引导他的活动。温顿的小说常常源于其自身的经历和他对土地细致敏锐的观察。通过在人物和大地之间架起一座桥梁，人物和土地共同把温顿置于土著民族和土著澳大利亚之间的边界，西澳大利亚的海岸线和荒原虽然普通，但是却因土著的历史文化变得神圣。

三、结论

温顿的小说将历史通过人物的经历、空间和时间的交织进行重组，进而打破了时间对空间和人类世界的控制。他的人物往往满怀对美好历史的怀旧，对"初始"由衷赞美。通过毁坏这个混乱的现代世界，想象中的人间天堂得以构建起来。

温顿的小说人物大多是劳动阶层的普通澳大利亚人，生活在社会和文化的边缘，在大社会中组成其特定的小社会，反映出当代澳大利亚自然与人文环境中他者的种种困境。西澳大利亚具有其特殊的历史、土著背景和自然地貌。

通过对中心／边缘和文化他者身份进行发掘，温顿在其小说作品中展现出西澳大利亚文化和历史的多元多样。他的作品强调澳大利亚社会环境的特点，描写了一个具有诸多文化差异和特性的澳大利亚人文环境。对温顿来说，人物需要通过在环境中进行内省，甚至自我放逐，进而获得重生和自由。他的小说告诉人们，没有单一的历史，历史是多样化的。叙述过去的历史只是一个相对的概念，环境中同样包含着当时当代的历史。温顿对于自然的关注的背后，其实反映出他对政治和文化的深沉思索，例如土著权利、种族和解、环境保护、文化遗产等。他的写作假借时间的断裂反映历史的延续，展现出现在和过去的互动交融。

参考文献

［1］ Ben-Messahel, Salhia. *Mind the Country: Tim Winton's Fiction* [M]. University of Western Australia Press, 2006.

［2］ Edemariam, Aida. "Waiting for the new wave: Aida Edemariam talks to Tim Winton about his youth, Australia and why writing is like surfing" [J]. *The Guardian*, 28 June 2008.

［3］ Hefner, Robert. "Winton on cloud nine after reviews" [J]. *Canberra Times*, 21 April 1991.

［4］ Hogan, Kay. "Blueback" [J]. *Library Journal* , 1998.

［5］ Jolley, Elizabeth. "Landscapes and figures" [J]. *Westerly*, No.4, 1978, P.73.

［6］ Riemer, Andrew. "Breath" [N]. *The Sydney Morning Herald*, 2 May 2008.

［7］ See, Carolyn. "Young Men and the Sea" [N]. *The Washington Post*, June 27, 2008; P. 5.

［8］ Turner, Graeme. *National Fictions* [M]. Allen & Unwin, St Leonards, 1993.

［9］ Winton, Tim. *An Open Swimmer* [M]. Allen & Unwin, Sydney, 1982.

—*Shallows* [M]. McPhee Gribble, Ringwood, 1984.

—*Scission* [M]. McPhee Gribble, Ringwood, 1985.

—*That Eye, the Sky* [M]. McPhee Gribble, Ringwood, 1986.

—*Minimum of Two* [M]. McPhee Gribble, Ringwood, 1987.

—*In the Winter Dark* [M]. McPhee Gribble, Ringwood,1988.

—*Cloudstreet* [M]. McPhee Gribble, Ringwood,1991.

—*Land's Edge* [M]. Macmillon, Sydney, 1993.

—"The Tide of Joy" [M]. *Australian Magazine*, 2 December 1995.

—*Blueback* [M]. Picador,Sydney,1997.

—*Dirt Music* [M]. Macmillon, Sydney, 2001.

—*Breath* [M]. Picador,Sydney, 2008.

[10] 萨义德，爱德华.《文化与帝国主义》[M]. 生活·读书·新知三联书店，2003.

陈弘，博士，教授，华东师范大学澳大利亚研究中心，研究方向为澳大利亚文学与文化，最新专著为《走向人性的理想和自由：论帕特里克·怀特小说中的性》（上海三联书店，2010 年），论文"论帕特里克·怀特小说中人物的性身份流动性"（《华东师范大学学报》，2011 年 6 月）；"中文媒体与华人移民的文化身份构建：澳大利亚的经验"（《华东师范大学学报》，2011 年 4 月）；"Discussion on the Sexual Identity Diversity in Australian Modernistic Novels"（《学术界》，2014 年 4 月）等。

通信地址：上海市东川路 500 号华东师范大学外语学院

邮政编码：200241

《絷系中国》中的跨文化移植和碎片化再现

王光林

摘要： 澳大利亚华裔小说家布莱恩·卡斯特罗的小说《絷系中国》通过对东西方各种思想理论的挪用，嵌入了小说家多元性、混杂性和异质性的创作思想。在小说中，作者对中国表现出了复杂的情感，通过对宾馆这个形象的构建、解构和重新构建，作者对传统的思想进行了重新解读，而非线性叙事和碎片式的再现手法则表现出了族裔作家独特的文化地位。

关键词： 布莱恩·卡斯特罗；《絷系中国》；跨文化；东西方思想

Fragmentation and Transcultural Transplantations in Brian Castro's *After China*
Wang Guanglin

Abstract: In *After China*, the Australian novelist Brian Castro appropriates theories and texts from both Eastern and Western cultures to insert his ideas of multiplicity, hybridity and heterogeneity in creative writings. In the novel, the author shows an ambivalent feeling towards China, and through creation, destruction and recreation of the hotel, the author deconstructs the traditional theories of world literature, while the non-linear and fragmented narrative in the novel reinforces a unique status of diasporic writers.

Key words: Brian Castro; *After China*; Transcultural; Eastern and Western thoughts

理论与实践之间的关系一直是学术界关心的话题，各界看法不尽相同。但在澳大利亚小说家布莱恩·卡斯特罗（Brian Castro）看来，人们看到的更多的是对立的一面，没有看到他们之间的协同互补。他用了一个奇妙的比喻来形容理论在创作实践中的作用，"理论犹如烟火，星光闪烁之后自然消失，原因恰在于它的思辨性，所有的写作都具有思辨性。不过，理论可以随意利用某种权威来摧毁这种权威体系，而这点是小说做不到的。"（Baker: 241）作为"另类现代主义小说"（Gibbons: 238–252）的代表，卡斯特罗试图颠覆一切传统的观念，而在这其中就是他对各种批评理论和文化的挪用和移植。比如在他的第一部小说《候鸟》（*Birds of Passage*）中，他让法国理论家罗兰·巴特短暂出场，实际上玩弄的就是法国思想家德里达的延异（différance）概念，想借此表明所谓作者的死亡其实就是感情误置的一种变体。法国理论家列维·斯特劳斯及其《结构主义人类学》出现在了他的小说《波默罗伊》（*Pomeroy*）中，弗洛伊德出现在了他的小说《双狼》（*Double-Wolf*）之中，卡斯特罗想借助《双狼》质疑弗洛伊德理论的权威性，从新诠释狼人的故事，本雅明、培根、波德莱尔、贝克特等作为小说人物出现在《洗浴赋格》（*Bath Fugue*）之中，在《园之书》（*The Garden Book*）中，他挪用了中国古代女诗人贺双卿的故事，而在《萦系中国》（*After China*）里，他不仅使用了海德格尔、巴特、德里达等西方哲学家的思想，还挪用了老子、庄子等中国思想家的作品。卡斯特罗的思想要点就是颠覆，无论是在他的文学创作还是在他的文化批评之中，他都要嵌入多元性、混杂性和异质性的思想理念。这种思想在《萦系中国》中显得尤为明显。

I

《萦系中国》翻译成中文 10 万字都不到，但却是卡斯特罗作品中诗意盎然、充满抒情风味的一部小说。小说的标题 After China 语义双关，翻译成外文并不容易[1]。在这个标题中，China 自然是关键词，但是 After 却是不太好翻，它既可以指 "离开中国" 所发生的故事，又可以指 "中国实为他的生活中心"。中国虽然被抛在了身后，但是却可以确定他的生命，这是一种模棱两可的身份状态。想到宋代诗人赵长卿的词句，"别来此处最萦牵"，也许《萦系中国》大概可以传递出这种离而不放的感觉。这就像风筝，放飞的虽然很高，但却有一根无形的线牢牢把它牵着。小说比较简洁含蓄，很多事情都很隐晦。小说中的两名主人公介绍也只是素描式的一笔带过，当然男主人公的背景资料略微多一些。他的名字叫余博文（You Bok Mun），在英语中，这个名字与英语里的第二人称联系在一起，泛指 "每一个人"。

> "嗨余（You）！" 他们叫道，打开了弧光灯。是的，这就是他的名字。余。余博文[2]。广义地说，他的名字的意思就是他读的东西很多。狭义地来说，他就是你。每一个人。（Castro: 7）

在作品里，过去和现在，第一人称和第三人称频繁出现，交替使用，从而给人物的回忆提供了不同的视角。尤其是主人公余博文，他在用第三人称讲述的时候，实际上就等于在观察他自己。这种距离可以帮助他叙述一些比较尴尬的故事。有时候，人称的转换还可以使他不断变化他的语态或语域，而语态的不断变化也暗示着本体的不确定性。如在第二章里，小说以第三人称过去时开始，叙述者用一种沉思般的语域讲述着现在的历史。突然，语态转到了第一人称现在时，"我在大街上巡游，有一个爵士乐队在演奏"（Castro: 7），这时语域变得更加舒缓起来，余博文谈到了爵士乐队酒吧，

---

1 法文译本干脆回避了这个问题，将标题翻译了《一名中国建筑师》。见 Brian Castro, *L'Architecte Chinois*, trans. of *After China* by Isabelle Lee, La Tour d'Aigues, Éditions de l'Aube, 2003.

2 布莱恩·卡斯特罗的母亲是华人，她给卡斯特罗取的中文名叫高博文（Go Bok Mun），二者颇有对应之处。

感到很爽。但是随着语域转向沉思，叙述的语态重又切换到第三人称过去时中，尽管事件还是原来的事件。这就好像卡斯特罗随时可以调遣某个观点和讲解员。第一人称的声音往往令人感到舒服，而第三人称的声音则充满了忧虑。语法人称的不断转换充满了不确定性，反讽意味十足。在称建筑师余（You）的时候，他实际上也可能是在指读者你，也可以指杉树（Yew）（Castro: 7），意味着自然万物。如此一来，无论何时只要作品中的人物在跟余博士文打招呼，实际上他们都是有可能在跟读者、在跟自然界打招呼。

余博文是位中国建筑师，20 世纪 70 年代后期来到了澳大利亚。余在中国的经历通过断断续续的碎片再现了出来，这些碎片成为他生命中不可或缺的东西。这也是小说标题中的悖论之处。余博文解释说他在中国时遭遇了一场火车事故，失去了性功能，没有孩子，生命无法延续。对他来说，这是个生与死的问题。在感情上，他对自己的中国经历感到伤心，仿佛已经失去了活力。到澳大利亚后，他的问题就是如何应对现在的生活，体验生活，体验别人的经历。在澳洲，他认识了一位神秘的澳大利亚女作家，一位没有名字、患了癌症、快要去世的女作家，两人之间展开了生与死的对话。女作家就像阿拉伯神话《天方夜谭》中的舍赫拉查德一样，通过引诱余博文讲故事，来推延她的死亡。但是他讲的故事都是他脑海里的故事，他的记忆碎片并不现实，既没有开始，也没有结束，没有连贯性，更没有核心，一个故事就像一个梦一样在游移。跟散居的个体自我一样，他们只有在潜意识中才能追寻自我，而且这种自我是以梦幻的形式出现。讲完故事之后，余感到了内心的空虚，而他讲述的故事则留在了澳大利亚女人的心中，成为永恒的记忆。建筑师和作家，建筑和写作就犹如硬币的正反两面，成为小说中两种主要的隐喻：两者都在构筑生活，试图通过创作让作品在他们离开了之后还能继续存在，获得永生。正是通过余博文的叙述，我们才体验到了小说再现出的那些事件，体会到了主人公的那些磨难。作为小说中的另一名主人公，女作家的名字没有出现过，她既透明又无形的性格显然是卡斯特罗精心安排的，就是要让她从生活中隐匿起来，而余博文试图抓住她，实际上也是暗示着他自己想抓住自己的生活。卡斯特罗以极其简约的手法刻画了极其简约的人物画像。余博文的脑子里都是些反传统的想法和后现代主义的规则。而女作家临死之前的最后一本书就叫作《碎片与中国故事》。

建筑和写作的隐喻具体体现在具有后现代建筑风格的宾馆上，这个宾馆的现实模型是澳大利亚新南威尔斯州的特里格尔（Terrigal）海滩宾馆。卡斯特罗的妹夫是一名工程师，帮助他"构建"过他想象中的宾馆（Sorensen: 9）。卡斯特罗曾经说过，"这本书主要围绕着宾馆进行，宾馆起着一种隐喻的作用，用来构建，或者毋宁说解构书籍"。（Sorensen: 9）这个宾馆的选址颇有象征意味，海边，澳大利亚的地理边缘，而且是为移民设计的，这一宾馆寓意移民在澳大利亚文化中的边缘地位。整个宾馆的设计完全脱离了传统的设计理念，宾馆四周没有墙，中间也没有立柱，里面也没有壁炉或大堂之类的东西，整个宾馆就像是一座迷宫。这种迷宫似的安排象征着住在里面的各种移民，他们彼此混杂，冲破了传统的种族和文化界限，如此一来，这个宾馆被建筑师赋予了新的概念。由于余博文在中国、欧洲、美国等地都生活过，因此，他的脑海里充满了各种碎片似的回忆，他已经没有了完整的或统一的概念。在他看来，墙、立柱等都是传统建筑框架中必不可少的成分，但这样一来，他就会迫使居民去按照特定生活方式去生活。在宾馆中设计一个壁炉或一个庭院会将居民囚禁在里面，使他们的生活空虚、缺乏意义。建筑师特别强调，这个宾馆的主体是移民，是一群没有家的感觉的流浪者，没有壁炉或庭院的宾馆会使他们感觉舒服些。而宾馆内的迷宫就是移民生活的体现，他们到处寻找，无处可归。在建筑师的设计里，这一宾馆并非为了体现两种文化各自独立生存，而是体现两种文化的冲突和融合，从而创造出全新的局面。在作者的描述中，这个宾馆给放到了边缘，不同的文化、不同的历史彼此碰撞，创造出了一种全新的散居文化价值观，各种历史交融，各种文化混杂。虽然没有了传统的建筑结构，但是却出现了新的自我，这就是新的宾馆设计给移民带来的新生。作为移民，他们的传统价值观已经开始淡漠，新的价值观开始形成。

小说快结束的时候，宾馆几乎在一场风暴中给摧毁，但是余博文已经到达了个人发展的一个特殊阶段，准备重新建造宾馆，重新发现生活，即使是在他失去了很多东西之后。小说结尾有一个非常重要的后记，谈到了日本"新陈代谢派"建筑设计理念对他的影响，"神道教教诲的是：万物都有永恒的变化，永恒在瞬间中得以延续，在这种教诲的影响下，新陈代谢派将他们的理论运用到伊势神宫的建造上，每隔20年，这座神殿就会被摧毁，然后再加以重建。"（Castro 1992: 153）这种隐喻再现了小说的意图，那就是重新构建生活，重新开始。每一条信息都是心照不宣，不必明讲。余博文是一名建筑师，但是在小说中，他给人的感觉不仅仅是一名建筑师，更像是一位设计艺术家，一位具有现代自我意识的个体，不喜欢循规蹈矩，而喜欢开创全新的局面。他到法国去学建筑，学会了一种全新的建筑理念，"这是一个反叛的时代。功能主义等于专制。现代性里依然承载着古老的神话。变为始，他想，非美学也。单一细胞。可拆卸的部件。"（Castro 1992: 22）在欧洲，余拒绝"完整的历史"，"民族身份"或"民族主义"等概念，而是沉湎于阅读自由和创造等方面的书刊。渐渐地，他养成了一种兴趣，就是打破传统的民族主义神话，然后将打破的碎片，诸如"单一的细胞"或"可拆卸的部件"重新组合，来创造一个全新的世界。

几个月后，他几乎是重新建造了宾馆，并进而达到了一种安之若素的境界。

有一件事是肯定的，那就是他的恐惧已经烟消云散。这就好像他已经穿过了一道门，而在另一边，他再也没有什么需要保护了。再也没有未来，再也没有未知的事情理应得到理解的可能。于是他非常安逸地转过身来，

安居在这个他最终达到的自我状态，在这个状态中他可以不断地重新塑造
自我。不再孤独。这就是她带给他的礼物：现在时刻。（Castro 1992: 151）

虽然卡斯特罗的文字不乏抒情，但是他创作的人物发展到这种程度倒也不多见。女作家的作品也开始苏醒过来。她从他的故事中汲取营养，通过这些故事，将他融合进她的故事里，进而融入她的生活之中。

他记得她是如何注意他的表现的，他读的越多，他就越清楚他有多
少给融入到她的作品之中，这种共鸣像一种小溪一直带到他的心里……
（Castro 1992: 151）

令人感动的是，她的书上题名是"献给余"，这是两位恋人之间的秘密致谢，但是对普通读者而言，这是双方融合的一种姿态，同时也是在感谢每一个人。余博文最后展现的还是卡斯特罗式的人物，不断地重新创造自己，逃避从前的衰弱状态，进入"现在时刻"的永恒之中。唯一的现实就是在不确定性中寻找确定性。女作家去世后，她的女儿塞西娜由余博文照看，而余也象征性地找回了自己失去的孩子——龙静，最后获得比较"幸福"的结局。

Ⅱ

英国诗人艾略特说过，"我的开始就是我的结束，我的结束就是我的开始"。在精神分析学说中，有一对相辅相成的重要概念，生命本能（Eros）和死亡本能（Thanatos）。厄洛斯和塔纳托斯本是希腊神话人物，一为性爱之神，一为死亡之神，弗洛伊德从希腊神话中借用这两个人物来表现他的诗性隐喻观，表现生与死之间一种抽象的辩证关系，"这一隐喻的恰当之处就在于（1）厄洛斯是灵魂之神普赛克（Psyche）的秘密情人（2）他的使命就是协调宇宙诸要素之间的关系。是他给'混沌带来了和谐'，促成了生命的成长。"（Rycroft: 50）也就是说，人类社会的和谐发展跟这两大要素有很大关系。性爱、生命和死亡是人类社会难以回避的话题，纵观人类社会，这些话题直接影响到了人类的生活，影响到了人类的宗教信仰和社会实践，影响到了人类的神话、艺术、文学、科学和哲学等等。

有一次，在接受采访的时候，卡斯特罗谈起了《萦系中国》的创作起源。"《萦系中国》跟我其他的小说一样，来自我所阅读的书籍。当时我正在阅读福柯的《愉悦的使用》，对他谈论的道家思想和他将此等同于时间概念的做法非常着迷。在道家对性爱的态度中，时间被延缓，并且变得不朽。在我看来，讲故事也是如此，讲故事的

人有意保留故事。我认为令人满意的故事是那些没有得到解决的故事……我想或许我应该写点类似于对位故事之类的东西。至少所写的故事会不断地被其他故事打断。"（Craven: 8）在此我们可以看出东西方哲学思想对他的影响。在小说中，老子布道似的性爱说教，其中心就是节制，抑制时间的进程，打破线性前行的轨迹。余从东西方文化的视角经历了这种困境。作为一名建筑师，余给夹杂在中国性与西方性之间，中国性代表的是抑制，西方性代表的是参与。这些控制与冲突思想也体现在对卡夫卡的不断引用上。在卡斯特罗的眼里，卡夫卡的变形记，非现实虚构的时间都和生活中的本我冲动和反理性行为对等。卡夫卡对道家的教义非常感兴趣，他自己的许多悖论读上去就颇似禅宗公安派的思想。对此卡斯特罗解释道："卡夫卡和道家之间有一种强大的纽带关系。当你读卡夫卡的时候，你有这种遭到审判和谴责的印象。他创造了一种非尘世时间，而这正是我在中国古代这些里所发现的。"（Sorensen: 8）在《萦系中国》里，卡夫卡产生了一种分解代谢式的影响，像酶一样，消化，变形。

中国哲学给了卡斯特罗不少营养。打开《萦系中国》，跃入眼帘的是老子的性爱指南，给人一种性爱故事的感觉，往正文读去，读者看到的是一名中国建筑师和澳大利亚女作家的亲密关系。表面上看好像涉及性爱，但是实际上再现的却是主人公的精神斗争和心灵痛苦。不过主人公的痛苦并不像卡斯特罗其他小说中表现的那样明显，作者借助的是隐喻、错位等充满寓意的表现手段。这段开头只有两页，是整个小说的一个引子，是一个非常重要的比喻，删除了，读者就会失去理解小说主旨的钥匙。这段引子之所以重要，不仅仅在于它抓住了读者的兴趣，将读者引入到一个无始无终的永恒状态，而且它还引入了闭合还是放开的主题，这是理解小说的关键。在给小说所列的参考书目中，卡斯特罗列举了荷兰学者高罗佩的研究成果，《中国古代房考术》。小说中的许多描述都是从这本书中翻译而来的。在他早期的一篇论文里，他也特别提到了性节制作为控制时间的一种手段对他产生的影响。"道家认为，男人要想积聚阳气，就得不断地与女人性交，但不能射精，从而通过阴来补充能量。男人对其阳气抑制的越长，他的生命就会越长，而他也会变得更加强大。"（Castro 1999: 87）在卡斯特罗的哲学思考中，这些描写并不是真的为了增加性的能力，而是从哲学层面上去改善一个人的创造力，悬住时间或征服时间。这也是《萦系中国》中的主人公的追求。

澳大利亚评论家戴维·吉尔比觉得《萦系中国》里有许多令人愉快的迷人片段，尤其是"这一写作调动了想象和欲望两种版本之间的互动，而叙述者的闯入则被比作高级妓女，既充满窥视又亲力亲为似地挑逗和款待读者。"（Gilbey: 6-7）他请读者注意两种不同的观点，并引用唐寅的双折扇来论述建筑师和女作家之间彼此对立的生命构建，"绣"和"书"之间的多元性和互补性。凯瑟琳·英格兰觉得《萦系中国》的格调比《双狼》和《波莫罗伊》要轻松愉快得多。她觉得卡斯特罗对这一技巧的运用显得驾轻就熟。"在这本充满了双关和隐喻的小说里，布莱恩·卡斯特罗维系住了建筑、性、写作和死亡之间的平衡。对于一本将孤独和死亡作为主题的小说来说，《萦系中国》保持了意想不到的温暖、爱抚和幽默。小说坚持了色情意味的描述，但却十分纤细，节制和朴素。对于这样一种多元而又简朴的参照，小说充满了共鸣，彼此相互连接。整个小说因而是一部卓越的平衡杰作。"（England: 6）

"死亡与性爱"是《萦系中国》中的一个重要主题。不过，死亡在小说的再现过程中并不是作为终极目标，而是作为生活的一部分，而性爱的表现也是为了再现哈姆雷特式的"活还是不活"这一两难选择。性爱的故事穿插在小说的叙述中，性爱与死亡，与疾病，与时间，与写作紧密相连。在写作过程中，要想有所成就，就得从平凡做起，承受与不完美密切相关的种种磨难。当老子意识到了这点后，他放弃了抑制，与人性结合，从而恢复了他的创造力。生活中也需要这样的过程。余博文和女作家认识时，两人都经历着挫折和不完美。余博文和女作家的共同点在于两人都有一个不堪回首的过去。对余博文而言，这个过去主要是他早年在中国的生活，包括在上海的贫民区，到巴黎去读书，等等。而对女作家而言，这个过去涉及的是家庭的丧失，尤其是她钟爱的父亲，她的混血儿子，还有她的恋人。余博文还没从挫折中苏醒过来，而女作家则身患癌症，向死神靠拢。余博文起先是带着消极的态度看待癌症的，认为癌症抑制或者说压抑了能量，或者用苏珊·桑塔格的话来说，是"对消耗或花费的一种拒绝"。（Sontag: 63）桑塔格是从资本主义经济学的角度来讨论隐喻的，在她的表述中，癌症体现的是 20 世纪人类经济学发展中的负面效应，不正常的增长，能量的压抑，等等。这些显然也是女作家生存本体中遇到的问题。她携带着一个私生子，遭到了社会的另眼相看，在她的心灵上留下了伤疤。因此，她不想再与这个世界有任何交往。写作是停止交往的一条出路。她可以写出她的故事，从而驱走她与诗人之间的恋情给她带来的痛苦。她借助小说将压在心灵的苦痛倾泻出来，

> 我内心一直压着这些，它一直使我感到伤痛，而我还要到处带着它，
> 他说过的这些话就像带壳的豌豆后来给放到阳光下一样，完全爆发出来。
> （Castro 1992: 84）

卡斯特罗甚至认为癌症也是意愿的结果，脑海里难以忘怀过去的经历。性爱的过程就是颠覆的过程，创造的过程。卡斯特罗翻译的唐寅形象就是个反讽。他要颠覆符码和体裁，创造真正的意义。唐寅最终为自己的行动付出了代价：他们确实产生了真正的意义。然而，导致他最终死亡的是他竟敢偷盗皇帝的梅子，这是遭到禁止的欲望和性欲的象征。吃梅提供了一个超越的经验。

> 当他品尝梅子的时候，他似乎进入到一个空间，在这个空间里，作

为延续，时间并不存在。他经历了一种受到启迪的宿命论。他对自己说，"万物皆为一"。他感到触不可及，十分神圣。这些经历在他的生活中比较缺乏。……也许唐寅已经发现了公开的秘密，即简单的感情得从负疚中得以恢复。（Castro 1992: 110）

这种简单的公开秘密可以直接运用到女作家身上，因为在她的背景中，她就因为孩子的事情一直感到负疚，同时从某种程度上来说也可以运用到余博文身上，因为他对他的中国背景和格格不入感到负疚。他们必须发现，这些都是简单的事情，应该学会在生活中加以享受。当然，这些故事很难梳理出十分明确的意义，他们体现的是卡斯特罗式的悖论，要在信仰中去捕捉。

在小说中，两位主人公之间并没有发生性关系，他们彼此尊重，然后逐渐向对方靠拢，小说快要结束的时候，他们才开始接吻，而他们之间的接吻也象征着他们最终信任对方，克服彼此之间的沉默寡言和笨拙举动。但是小说关注的焦点还是死亡；如果我们知道死亡是我们最终的结局，我们应该怎么办？对女作家而言，这个问题不再是修辞或比喻意义上的讨论，而是实际面临的问题，因为她很快就要死于癌症。这点小说当然没有明说，而是通过间接暗示传达出来的。既然女作家没有谈论她的疾病，那么男主人公只有通过她日渐衰弱来加以推测。小说中唯一带有癌症暗示的部分是书中一笔带过的文字象征，他们谈论说去海滩边看看，但却害怕癌症的侵袭，女作家回忆说她看过一个波兰电影，里面有一个男人患上癌症，后被治好了。那么癌症的暗示是为了表现死亡意愿，还是为了表现女主人公对生命的渴望？这是小说中值得探讨的一个问题。

III

卡斯特罗可以说是福柯"异位移植"思想的追随者，因为异位移植带来的后果是它具有多种不同的价值，可以颠覆单一而占主导地位的价值体系。正是带着这种理念，卡斯特罗在散文和小说创作中借鉴了各种各样的思想，尤其是解构主义思想家，如德里达、布朗肖，而在《耶系中国》中，他则大量借鉴了中国古代思想家的思想，老子和庄子的思想契合了解构主义的思想，无论是德里达，还是海德格尔，他们都对中国古代思想有着浓厚的兴趣，而且深受中国古代思想的影响。正如克拉克所说，海德格尔对亚洲思想一直怀有浓厚的兴趣，他一直想从欧洲之外，尤其是中国哲学思想中的非写实主义表现手法中拯救出来，将西方的思想从语言的牢房中解救出来，于是他转向了老子和庄子（Clark: 115）。东西方思想的对话和各种文本的挪用犹如一块块碎片，或一堆积木，成为卡斯特罗跨文化翻译和写作的源泉和力量所在。《耶系中国》中的互文性挪用在解构的同时也在重新构筑，而这一切都是通过建筑师的建筑隐喻来实现的。对卡斯特罗而言，混杂就是一种桥接，同时也是一种拆毁（Castro 1999：150）。宾馆只是一个暂时的居住场所，一个用来服务小说主题的隐喻：这个世界是倏忽无常的，而这一切通过语言的构建而得到了体现。对海德格尔和德里达而言，语言跟人类的现实概念不可分割，而对卡斯特罗而言，这些构想中的概念都是虚幻。卡斯特罗说过，"语言是不可能确定什么的，因为它是主观经验法和语法结构集体谎言的产物。"（Castro 1999：107）如果语言就是人们居住其中的构建，那么宾馆就可以视作一种语言体系和身份构建的隐喻：

> 宾馆随着墙一起倾向大海。没有封闭的庭院，没有圆圈，没有中心，没有舒适的广场。"我造它就是为了让人们迷失其中"，他说。……不过他对宾馆没有完工是非常认真的。（Castro 1992: 16）

海德格尔认为，所谓解构就是一种批评手段，将传统的形而上学及其历史加以冻结或拆除。德里达的解构战略同海德格尔的非常相似，认为语言和文本构筑着我们对现实的看法，不过对德里达而言，语言之外并无纯粹的现实，雪泥鸿爪皆能寻。这些思想在小说中都得到了充分的体现。在谈到建筑时，作者写道：

> 强赋建筑予意义……束缚了你的自由……缺位但却无所不能的中心，狂热地追求着隐私、起源和衔接。一个真正的意义必然是永远指涉他处。（Castro 1992: 68）

用建筑做比喻隐隐地对应着德里达对逻各斯中心主义的批评，对应着德里达的延异理论和痕迹观。阅读《萦系中国》，读者得到的体验就是叙述没有中心，有的只是多个故事碎片，你很难找到现实或故事的真相。

无论是从本体意义还是从一个移民的角度来说，主人公余博文都是一个遭到疏离的人物。因此对他而言，一个完整的身份是不存在的。他的身上只能是各种碎片的结合体，换句话说，他就是一个"语言移民"，通过翻译拼合各种文化碎片来决定自己的生死，延续自己的生命。在《萦系中国》中，这种碎片式表现手法跟德里达的延异理论密切相关。延异是德里达解构理论中一个非常重要的一个概念，它的企图就是揭示形而上学二元论中的同质性和内在矛盾，来颠覆形而上学的二元论，打破西方逻各斯中心主义中的主体和客体，内与外之间的对立局面。卡斯特罗的文本颠覆了我们传统的二元理论。作为一个文化上的混杂个体，建筑师的身份体现的不是冲突，而是混杂。"在这片新的土地上，我既是我也非我。既在内也在外。既安逸也不安"（Castro 1992: 7）建筑的墙体设计就是对立的，陆地与海洋、内与外、言说与写作，语言与言外之间，都体现着构建与解构的相互作用。庄子所谓"得意而忘言，得鱼而忘筌"其实很早就意识到了语言的局限性，但是要想完全逃离语言的牢笼是根本做不到的，于是卡斯特罗就开始玩弄语言，在《萦系中国》中，他的语言像游戏一样充满了含混性，这种含混性在德里达、庄子和其他道家理论中都有所讨论。卡斯特罗和德里达一样，一方面离不开语言，另一方面又在不断揭示语言的压抑。他在《萦系中国》中使用的延异目标不仅是语言，而且也是东西方之间的认识对立（Brooks: 630）。整个小说的风格更加对应中国传统叙说的特点：漫无边际，支离破碎，但却充满诗意。

在道家思想中，水扮演着重要的象征作用。水能载舟，亦能覆舟。《萦系中国》中，建筑师将宾馆临水而建，水是生命的源泉，水淹宾馆，水的双重作用得到充分体现，也体现了构建和解构的思想。换句话来说，一名觉者必然能够认识到对立双方的内在相关性。建筑师建造了房子之后又让洪水淹掉它也是象征意味十足。暴雨蓄积而发，各种东西将他吞没，让他在水中翻滚，最后给冲洗到永恒的黑暗之中，经历种种磨难，最后来到了海里，而海水却是透明而轻盈的。看上去他是给冲到了水下，但实际上却是浮在了水上，而且还想将水天一线弥合起来。

建筑师及其宾馆遭遇水淹还使人们联想到个体与宾馆建筑之间的关系。在现实构建过程中，个体非常重要，要想摆脱陈规，就必然要对业已铭刻的个体观念进行解构。消除自我也是道教和佛教思想的一个要素。佛教认为自我实乃虚幻，而道教则认为万物彼此相连，所谓独立的自我也是一种虚幻。要想解读《萦系中国》，也必然要看到小说中对自我与他者之间二元观念的消解。建筑师名叫余博文（You Bok Mun），英文中 You 又可以指第二指涉人称，可以泛指任何人，从而彻底解构逻各斯主义中的自我观念。作为叙事手段，小说中第一人称和第三人称交替出现，我中有他，他中有我，卡斯特罗曾经说过："我有意识地引发了多重性……这就是我。多重自我的一种扩散。各种差异的一种并列。"（Castro 1999：115）他的这种多重并列正好契合了老子所说的"道生一，一生二，二生三，三生万物"（陈鼓应，1984：232）的理念。建筑师与女作家之间的对话契合着阴阳，同甘共苦，相互依存。女作家的死亡似乎也是精心设计的，成为解构思想的一个部分。作家之死恰恰是消解二元的一种手段。空即是色，色即是空。正如庄子所说，"有始也者，有未始有始也者，有未始夫未始有始也者。有有也者，有无也者，有未始有无也者，有未始夫未始有无也者。俄而有无矣，而未知有无之果孰有孰无也。"（陈鼓应，1983：71）一切都是相对的，建筑师喜欢说话，女作家喜欢写作，到底是说优于写，还是写优于说？这本是解构主义中不可回避的一个问题，但这一对立局面在小说中得到了消解。建筑师喜欢说，但他最后呈现的却是书已经写好了的故事。

庄子的"蝴蝶梦"故事想告诉人们，要想达到物化境界，就必然要消除自我，实现真正意义上的解脱。在《萦系中国》中，卡斯特罗改写了蝴蝶梦，目的是想告诉人们，实际没那么简单。故事一开始，他就说道：

> 庄子以为自己是位哲学家，但实际上却是只蝴蝶。他从这朵花飞到那朵花，不停地授粉……一直在沉淀着智慧，将知识播撒在没有意识的大自然上。当然，大自然很感谢花粉，但对语言却没有用。……他太慷慨了，没有注意到成千上万只其他的蝴蝶也在做着相同的事情……借此，庄子只身于自然之外，……有一天，庄子飞进了一个百合花房。一进花房，这位自以为是哲学家的蝴蝶开始向百合花解释他们的生命是如何诞生的，何以他扮演的角色对他们的生存非常重要。百合花什么也不懂，一口回绝了庄子的再生要求。……他讲了几百个故事，里面闪烁着智慧的光芒，目的就是为了提高百合花的认识水平。……所有的努力都是白费。（Castro 1992: 147）

卡斯特罗对蝴蝶梦的颠覆性翻译可以视作跨文化翻译和跨文化移植中的一个有意误读，目的就是为了告诫人们，影响自我解放的因素很多，很多有可能是综合因素。而建筑师的故事表明，他已经意识到通过讲故事来推迟女作家的死亡是无用的。他想改变自然，但却忘了老子哲学中的无为之说。他没有达到虚空的境界，成天牵挂着女作家。蝴蝶可以看作建筑师的化身，他经历了失落、绝望和焦虑，感受到了家庭缺乏的折磨。

卡斯特罗曾经说过，在澳大利亚这个多元文化社会里，写作十分困难，如果作家都开始写身份，那么就摧毁了创造性的写作活动。卡斯特罗还认为，作家离不开他所生活的现实，但是如果直接反映社会现实，就会受到种种限制，失去创造力。只是在最近二十几年，随着澳大利亚多元文化的出现，移民作家才开始发表作品并开始享有读者。"这件事令人振奋之处在于它开始颠覆文学本身，从而使大量的思想显现"。（Castro 1999: 31）卡斯特罗还认为，写作应该没有界限，他无所归属，因而也就没有什么身份的限制，这一点给了他写作的动力，使他发现了前所未有的发现，成为他创造性的源泉。弗洛伊德认为，人类最深层的现实出现在梦幻或潜意识之中，要想表现这点，虚构也就显得非常有用。卡斯特罗非常认同这一理论，认为"谎言"可以转为优势，"无意识"只有在编造故事、再现病人的无意识时才能清晰可见。因此，"无意识"可以替换那个有争议的字眼"真实"。（Castro 1999: 117）在《萦系中国》里，建筑师编造的故事就是为了打破一成不变的历史观。从这个意义上来说，《萦系中国》再现了现代散居群体的生存意识，因为它追寻的是潜意识里的多元的散居现实，而不是受一个民族或一种文化限制的现代身份观。卡斯特罗对东西方哲学思想的挪用也是对应着他一以贯之的思想，世界文学、世界文化以及作家的身份都应该是多元的，没有哪一种单一的思想可以左右。

参考文献

[1] Barker, Karen. "Theory as fireworks: an interview with Brian Castro". *Australian Literary Studies*. 20.3 (May 2002): 241−248.

[2] Jessica, Brooks. Writing beyond borders: Derrida, Heidegger, and Zhuangzi in Brian Castro's *After China. Neohelicon* (2015) 42: 625−638.

[3] Castro, Brian. *Looking for Estrellita*. St. Lucia: University of Queensland Press, 1999.

[4] —*After China*. Adelaide: Lythrum Press. 2003.

[5] Chen Guying. *Laozi: Annotated translations and criticism*. Beijing: Zhonghua Book Company, 1984.

[6] 陈鼓应:《老子注译及评介》, 北京：中华书局, 1984 年。

[7] Chen Guying. *Modern annotated translation of the Zhuangzi*. Beijing: Zhonghua Book Company, 1983.

[8] 陈鼓应:《庄子今注今译》, 北京：中华书局, 1983 年。

[9] Clarke, J. J. *Oriental Enlightenment: The Encounter Between Asian and Western Thought*. London and New York: Routledge. 1997.

[10] Craven, Peter. "Double Delights". *The Sunday Age*, 12 September 1993.

[11] England, Katherine. "Brilliant, Erotic Balance of Affair Consummated in Stories". *The Advertiser Magazine*, 17 October 1992.

[12] Geason, Susan. "In the China Hotel". *The Sun-Herald*, 6 September 1992.

[13] Gibbons, Alison. "Altermodernist fiction". *The Routledge Companion to Experimental Literature*. eds. Joe Bray, Alison Gibbons and Brian McHale. London & New York: Routledge. 2012.

[14] Gilbey, David. "When Hsiu Means Shu". *Australian Book Review*, No. 142, July 1992: 6−7.

[15] Sontag, Susan. *Illness as Metaphor*. New York: Farrar, Straus and Giroux, 1977.

[16] Rycroft, Charles. *A Critical Dictionary of Psychoanalysis*, Second Edition. Penguin Books Ltd. 1995.

[17] Sorensen, Rosemary. "Yearning for Diversion". *Australian Book Review*, No. 142, July 1992.

王光林，上海外国语大学英语教授，主要研究华裔文学和英语文学批评

电子邮件：guanglinwang@163.com

欧阳昱的双语诗写作与双语诗论

——以 *Flag of Permanent Defeat*（《永败之旗》）为中心 [1]

刘玉杰

摘要： 对于移民来说，双语是一种最基本的生存语境。欧阳昱的双语写作经历了隔离式双语写作与融合式双语写作两个阶段，*Flag of Permanent Defeat*（《永败之旗》）是其融合式双语写作的代表之作。从语篇层面到字词层面，欧阳昱的双语诗形式多样，有翻译双语诗、散文双语诗、拾得双语诗、清单双语诗以及字象双语诗、拼音双语诗等等。结合欧阳昱的元双语诗，我们看到他以生 /raw 为核心的双语诗论。生 /raw 之原始，先锋之革新，看似形成对跖，实则并无区别，都是对诗歌中间状态、平庸性、陈腐性的拒斥与远离，触摸到了诗歌卸妆（卸装）后的本真性。

关键词： 欧阳昱；双语诗；翻译双语诗；拼音双语诗；*Flag of Permanent Defeat*

Ouyang Yu's Bilingual Poetry Writing and Poetic:
A Case Study of *Flag of Permanent Defeat*
Liu Yujie

Abstract: For immigrants, bilingualism is a basic survival context. Ouyang Yu's bilingual writing can be divided into two phases: isolated bilingual writing and integrated bilingual writing. *Flag of Permanent Defeat* (2019) is a magnum opus of Ouyang Yu's integrated bilingual writing. From the discourse level to the word level, Ouyang Yu's bilingual poetry has many forms, including bilingual translation poetry, bilingual prose poetry, bilingual found poetry, bilingual list poetry, bilingual word poetry and bilingual pinyin poetry. According to Ouyang Yu's bilingual poetry, we come to the conclusion that the core of his bilingual poetic is raw. It seems that raw's primitiveness is contrary to avant-garde's innovation. In fact, there is no difference between the two. They both reject poetry's intermediate state, mediocrity, platitude, and touch poetry's authenticity after removing its makeup.

Key words: Ouyang Yu; bilingual poetry; bilingual translation poetry; bilingual pinyin poetry; *Flag of Permanent Defeat*

---

1 拙文写作和修改的过程中，得到了欧阳昱的帮助和指正，笔者在此致以诚挚的谢意。文中的纰漏之处，皆由笔者本人负责。

Flag of Permanent Defeat（《永败之旗》）是英汉双语诗人欧阳昱 2019 年出版的双语诗集。书名出自海明威的《老人与海》，写的是桑地亚哥那补丁摞补丁的船帆。收录了诗人自 1982 年到 2019 年的 207 首英汉双语诗[1]。诗集底封用英语印了颇具诗意的广告语："Ouyang Yu is still alive, and writing. This is his most posthum(or)ous work.（欧阳昱还活着，还在写。这或许是他最死后而生／后幽默的作品）"[1]封底

有两种双语写作值得辨析。欧阳昱对此已有精彩描述，我们不妨借用诗人的说法。第一种双语写作可以称之为隔离式双语写作，两种语言并未发生相互作用、相互关联。欧阳昱成为澳大利亚公民时，决定"用中英文双语进行创作，用英文写长篇小说、诗歌和非小说，而仅用汉语写诗"[2]。第二种双语写作可以称之为杂交式双语写作或融合式双语写作，两种语言发生了交汇、融合。或者联系于同一文学文本，即同一文本具有两种语言版本；或者用两种语言写成一种文学文本。正如欧阳昱所说："进入 21 世纪，特别是在去欧洲之后，我的诗歌又生一变，主要是把两种文字，放在同一个诗歌框架中进行杂交实验。这种诗歌，发生在两个向度上，一个是直译，把英语的直译成中文，把中文的直译成英文，在两种语言中大行其道。另一个向度，是把双语黏合成一首诗歌，让两种语言，在诗歌中结婚，乃至媾和，实际上，这种黏合早在读大学时就曾进行过实验，只不过是，30 多年前撒下的种子，现在才长出新芽而已。"[2]

对于欧阳昱来说，双语不是装饰、不是附庸风雅。"当代中国作家中，假惺惺地搬弄洋文的还不少，总是加塞子般地在汉语里虚晃那么几个英文，给人一种他们很懂英文的感觉……"[3]93 事实上，用双语附庸风雅来装饰诗歌的人，恐怕并不知道双语的危险。两种彼此异质的语言在初始接触时，尤其是在一个生命个体中碰面时，往往并不是和谐共生的状态，而是彼此冲撞的状态，而因此会导致语言分裂症的病症。"汉人进入英语之后，为何有不少成为精神病？重要的原因之一，就是语言。［……］本来只讲中文［……］，在很短的时间里成为一个双语［……］，多少人从心理上难以接受，也难以承受，造成的内心折裂，恐怕不在少数。英语从中作梗，将来不知道还会出现多少语言分裂症的现象。"[4]152-153 移民中也经常会出现语言分裂症，欧阳昱在《英语班》（*The English Class*）中的主人公京就是移民英语世界后，患上了语言精神分裂症（linguistic schizophrenia）。欧阳昱在两种语言的对跖中游走自如："肥与瘦、静与闹、大与小，这一切，东西方都是倒着来的。……活在这两种决然相反的文化中，两种我都能接受，都能容忍，都能理解，也都能淡定处之、身体力行之。"[5]321-322

Flag of Permanent Defeat 就是欧阳昱融合式双语写作的代表之作。欧阳昱并没有对

---

1 欧阳昱的双语诗并非仅限于 *Flag of Permanent Defeat*，早在 2012 年出版过两本双语诗集，即《双语恋：1975—2008 年的诗》（*Bilingual Love: Poems from 1975–2008*）和《自译集》（*Self Translation*），其他诗集、文集中也可零散见到双语诗，比如《诗非诗》里的《英文》《胡》等都是双语诗。

这本诗集进行类型学的体系化，诗集的无序，应该是这位反体系诗人的有意为之。但如果试图用一个关键词来概括这些诗，那么这个词必然就是"双语"了。毫不夸张地说，欧阳昱应该是汉英双语诗写作的集大成者。为了论证"集大成者"这四个有分量的字眼，有必要从分类学的角度（从语篇到字词的分类）进行细致而微地解读，只有这样，才能证明集大成者并非空词，并非虚假的盛赞。

一、语篇双语诗：从翻译双语诗到散文双语诗

欧阳昱翻译家的身份不容忽视，长期从事英汉双向翻译。欧阳昱在 20 世纪 80 年代大学期间就开始翻译，到 90 年代出国深造，博士毕业后长期以口译笔译为生，至今已出版译著几十本，其中不乏像《女太监》、《新的冲击》、《致命的海滩》、《绝对批评》等广获好评的学术译著，以及《大象：劳伦斯诗集》、《如果我忘了你，耶路撒冷：阿米亥诗集》、《老人与海》[1] 等文学译著，同时从事英汉双语的诗歌、小说和非小说写作，用他自己的话说就是："我所译书的内容，范围相对较广，有小说、诗歌、戏剧、杂文、游记、艺术评论、文学评论、医学文献、商业文件等，又因我还从事口译，涉及法庭、警事、政界、医院、学校、工厂、公司等几乎应有尽有的领域，说我庞杂纷乱，一点也不过分"，"前前后后加起来，等于是在两种语言里摸爬滚打了小半辈子"[4]3。

欧阳昱主张诗歌的故事性，也就是诗言事，汉译英、英译汉的翻译活动因此成为其诗歌的一大来源，可以把这类诗歌称为译事双语诗。这其中既有各种职业性的译事活动，也有日常性的译事活动。

如前所述，欧阳昱所从事的翻译领域十分广泛，该诗集中出现较多的是教学双语诗，比如《口译：一次教学经历》、《皮》、"them"[2] 等。如同《口译》的副标题所揭示的那样，此类双语诗所写的都是具体的教学经历。《口译》写学生对 Vancouver、Vienna、Montreal、Calgary 等地名以及作家 Philip Roth 的陌生，一方面有学生自身的原因，另一方面也反映出口译之难，口译因其现场性，往往无法翻阅字典等工具书，特别考验译者的综合性的知识储备和能力。

翻译不仅仅是欧阳昱的一种职业，已经成为他的无意识行为，在日常生活中时时翻译、处处翻译。因此我们看到他大量的日常翻译双语诗，比如 "A Mass of Emotions"、《题》等，且看《庞德说》：

---

1 欧阳昱译《老人与海》2020 年即出。

2 双语文学面临的标点符号难题在于，适用于它的专门标点符号系统还未问世，本文对书名、篇名标点的使用，只好同时借用中英文两种标点符号，当标题是中文、中英文时，采用汉语书名标点规范，当标题为英文时，采用英语书名标点规范。

庞 德 说

脸书上有人晒了一封
庞德早年写的英文信
奉劝一位
东西写得不好的女士说：

Never ornament
Never write a line
That you think
Is pretty or picturesque

随译成中文便是：
绝对不要修饰
绝对不要写一行你自以为
漂亮或风光的诗[1]146

　　这首诗显然是拾得诗，诗歌材料取自极为日常的场景，通过断句、翻译而成了首双语诗，而且英汉诗节的断句方法是不一样的。"随译"二字大有讲究，是欧阳昱根据"随笔"而自造的一个词，正好印证了前面所说的翻译的日常化，欧阳昱随时随地都在翻译。

　　还有一类双语诗是对文学文本的翻译，可称之为译本双语诗。此类双语诗也可大致分为两个小类，首先想到的是译他双语诗，也就是原作是他人的，译文归自己所有。但是与流行的两两对照做法有所不同，欧阳昱凸显了译者的主体性，将自己的译文放在了原文之上，《被遗弃的山谷 /The Abandoned Valley》《雨 /Rain》等均是如此。比如《雨 /Rain》中的最后四句：

我赶路回家，好像家中有人等我。
I hurry home as though someone is there waiting for me.
夜坍塌在你的皮里。我是雨。
The night collapses into your skin. I am the rain.[1]85

　　之所以说这是四句而不是两句，是因为在形式上的确是四句诗，尽管它们在语意上可以归为两句，就像该诗的标题是两句而非一句一样，这可以从诗集目录中的《雨 /Rain》很明显看出来。这首诗里的形式值得关注，一则它打破了左右排列的传统惯例，改为上下排列；二则它打破了原文为主、为尊，译文为次、为卑的传统观念，将译文放在了原文之上。空间排列上的这一"上"，意蕴丰厚，一方面，表达出长久以来特别是西方英语世界里对译者、译文不尊重的抗议，欧阳昱在《译心雕虫》的"翻译是个什么东西"一节里不无愤怒地说："就文学翻译这一点上来说，美国和英国（包括澳洲），是十分落后的翻译小国。[……]就我手中掌握的情况看，几乎所有的书中，译者都退居到封三，成为不折不扣的隐身人。[……]只把作者放在封面，而让译者退避三舍的这种做法，带有软性欺骗的意味，属于刻意、有意、故意制造一种作者是用英文写作的假象。"[4]53-54

诗集里的《翻译》一诗，与前两首又很不相同，在诗题下并没有标注原作者以及译者，而且无论中英文诗行都打上引号，在诗尾的注释中，我们才知道英文诗行出自 David Ireland 的 *A Woman of the Future*，而中译诗行并非出自欧阳昱之手，而是出自他考试卷中 MTI 研究生的翻译。

如果说译他双语诗是他著自译或者他著他译，"版权"或"原创权"会惹争议的话（事实上当然不会，欧阳昱的另一个身份是学者，所有他人的文字都会引用注释），那么自译双语诗就是自著自译。

《双语恋：1975—2008 年的诗》（*Bilingual Love: Poems from 1975-2008*）（2012），采取左页英语、右页汉语排版方式，但并非互译对照，诗人有意打破传统的对称方式，以此互不对照来达到双语互补的效果；同样出版于 2012 年的《自译集》（*Self Translation*），左中右英，可以两两对照。"所谓自译，是指具有双语能力的作者，把自己的文字，从一种语言，自己译成另一种语言的文学活动，它既是一种翻译，更是一种创作。"[6]比如《白人》这一双语诗就是先用汉语创作，然后自译为英语：

白人	White People
先把坏事干尽	First did the wrong thing
等过了若干代之后	Then, after many generations
再来正确对待	Doing the right thing
以	By apo
道歉的方式	logizing
从而生生不息	Life goes on thus [1] 18

从此诗不难看出，欧阳昱的自译双语诗并非完全对称的，而是有所变化。自著自译虽然无版权之嫌，但使作者／译者面临着一种道德困境：自译就是自我拔高的自恋。欧阳昱以双语现实有力反驳了种种质疑："这种对双语创作、自译创译活动的诋毁和否

定，无非是强调语言和族性的纯洁性，它忽视了在一个开放的世界中，多文化、多语种交相辉映的共生性和可能性，它更扼杀了多元空间中的创新精神，对一个长期浸润在两种语言和文化中的自译者来说，不仅不公平，甚至不现实。"[6]

《2.28pm》《8.12pm》《8.21pm》《8.22pm》《废人》《道》《万念》《月下行》等均属散文双语诗。欧阳昱反对"美垃圾的堆砌"的"框定的散文诗"，追求"自由的散文诗"[7]110，我们不妨先看《8.22pm》中的几个段落：

> 林木幽美，但看不见。现在又回到了那条，曾经围满了开花的野油菜花的路。Wild canola 早已收割，their corpses 躺在路的两边，在黑暗中发白。这地方依然开着花，in the darkness，这些 flowers 似乎是黄的。但眼睛知道，它们在白天是 white，而且间有蓝花。只有夜和独人的眼睛在看。
>
> A man sat on the step reading his mobile phone, his face paled with the illumination, and he was smoking. Somewhere came a plonking sound. A fish that led the eye in search of its trace. All wrinkles of old water.
>
> 两条旧船，仍在它们躺了很久很久的地方。船身有很多破洞，长着稀稀拉拉的荒草。这样它们也似乎很满足，[1]23-24

从标题看，这是诗人写于晚上 8 点 22 分的双语散文诗。是诗人窗外看到的记载。所用语言，无论英语还是汉语，都是非常日常的语言，几乎没有什么刻意的雕饰，目光所及，如同一条河流所流，一切都是自然而然，那结尾处的逗号正表明一切还在继续，只是诗人的笔端停止了而已。

二、字象双语诗

欧阳昱常常以字词为核心、起点，延展成为一首诗。此类诗中的字词，可以称为字象[1]。自然而然地，与字象相关的双语诗就可以命名为字象双语诗。这种对字词进行微观手术的诗歌创作方法，可称为解字法。解字其实是对字词进行"元（meta-）"化。一般来说，元小说、元戏剧、元诗等概念针对的是成型的语篇，它们构成了一个完整的表意体系。对它们进行元化、meta- 化，就是打破它们自成的体系，从而将它们与现实世界这样更大的文本进行联系、沟通。之所以说解字法是一种元字法，就是把字词当成一个表意体系，所谓一字一世界、字里有乾坤，将它打破、重组，超出自身的

---

1 关于字象，李强如此定义："字象是文字字形所表概念的心表意象，是具有意义衍转功能的能指结构。"见李强《汉语字象学概论》。北京：知识产权出版社，2015 年，第 40 页。

界限，从而发掘出常人不易发觉的诗意。写于 2016 年的《解字》堪称这种解字法的绝佳注脚：

解　字

偏旁：忄

其右：亡

发音：mang

同音字：盲、茫、氓、恾、蟒、言、萌

英文：busy

引申义：business

当代意义：有钱

偏旁：忄

其右：亡

发音：mang

新词：大盲人，意即很忙，有钱赚

比喻：像蚂蚁一样忙

新词：忙禄，为利禄之禄而盲[1]83-84

通过该诗，我们可知解字法的两个基本步骤。首先是解构，往往从两条路径进行，一是对字词进行拆解，分解出不同的部件，二是对字词进行不同方式地替换，或同音替换，或跨语种对应词及其变体替换。一方面，《解字》对"忙"的解构像字典一样，从偏旁结构入手，通过展示忙即"忄亡"，传达出忙字蕴含的"心之死"的意涵；另一方面，《解字》既列举出了忙的几个同音字，尤其是"盲"字，又从忙的英语对应词busy 着手，扩展到其引申义 business（商业），也即为钱奔波、忙禄。其次是建构，将拆解后的字词部件以及替换物重新组合，以形成新意。《解字》最终创造了一个新词"忙禄"，为忙赋予新意"为利禄之禄而盲"。除此之外，拆解汉字的字像诗还有《灵魂日记：关键词》里对"艳"、"Dao"里对"道"的拆解等等。

不仅仅汉字遭到了拆解、重造，英文字词也同样如此。在散文双语诗《8.12pm》里，一名学生曾问欧阳昱，原乡和异乡为什么是一样的，欧阳昱回答道："所谓异乡，就是来自 motherland，把 motherland 的 m 拿掉，剩下的是 otherland。Motherland 从来都是 otherland，一切都是文字，一切都隐含在文字之中。他说很有意思。我又举了一个例子：不思乡。他立刻接嘴说：哦，Not nostalgic。我说：No。这其实很简单，也在文字之中，只需要一个 slash，即 No/stalgia。No 就在 nostalgia 中，就像 otherland 在 motherland 中一样，像这样：M/otherland。"[1]21 试想，不通过英语层面对 motherland 与 nostalgia 的微观手术，我们如何能够解释原乡就是异乡或者原乡内含着异乡，而思乡就是不思乡或思乡内含着不思乡呢？这样的诗法也出现在《有人》中："Someone paradies/ 有人在天堂死了"。[1] 189 诗人创造性地将 paradise 错写成 paradies，从而将汉语"有人在天堂死了"言简意赅地表达为"Someone paradies"。

再如"Freedom"一诗，"是的，就是这个自由 / 不仅仅是 to do 的自由 / 更是 from 的自由 /From prizes 的自由 /From praise 的自由 /From 任何认为制造犹如锁链的荣誉的自由 /From 粉丝的自由 /From 关注的自由 /From '最'的自由 / 直到 from freedom 本身的自由"。[1] 63-64 古往今来，关于自由的论著不计其数，自由也已成为观念史研究中最棘手的观念之一，欧阳昱这首以自由为题的论自由的诗，绕开自由是做什么这一传统议题，通过从 freedom 中拆解出 from（离开、远离），从自由是不做什么、远离什么的视角，阐释了内含于自由 freedom，却往往被人忽略的"非"（from）的维度。

欧阳昱也会将一个英语单词的每个字母拆解，从而还原其本意、赋予其新意。比如《Words 文字 wenzi》里的如下诗节："L 指生命、生活 / 亦指谎言 //O 如从中文论，指洞 / 亦指惊叹的噢 //V 指胜利 / 亦指虚无 //E 指演进，如果把 love 反着写，再加一个 ve/ 也指演变 / 亦指结束"。[1] 123-124 欧阳昱向来对一些崇高、绝对、空泛的概念深恶痛绝，爱情就是其中之一。通过将构成 love 的四个字母一一解构，还原了爱情好坏参半的二重性。

还有一种字象诗，字象自身就是双语的，可谓深入字髓。具体说来，就是对汉字和英文单词进行微观手术，互相拆解、嵌套、嫁接，创造出中英合成词 1。欧阳昱特别钟爱创造性错误（creative mistakes），中英合成词"F 發 rtunate"就源于他的一次创造性错误，由 fortunate 错误到 fartunate，然后一错再错为"F 發 rtunate"。[8] 270 我们且来看一首由中英合成词构成的双语诗：

Letters and characters: 4 for a start

影 flunence	shadow
英 glish	heroic
A 美 rica	beautiful
Leba 嫩	tender [1] 66

透过双语写作，表达出一种敏锐的文化批判。诗人通过汉语外国地名的译法，这

---

1 中英合成词这一术语由欧阳昱首创。由于读者容易将一个中英合成词误看成不同字词的部件、字母，本文中单独列举欧阳昱双语诗中的中英合成词时，统一加上双引号，以此来表示这是一个字。

首诗里均为雅化、美化，比如英国、美国、黎巴嫩中的英、美、嫩等，表达出自己对雅化、美化这样的思维定式的不满。这首诗只是一个引子而已，事实上，在欧阳昱看来，不仅有雅化、美化他者的思维恶习，还有俗化、丑化他者的思维恶习，"为什么把 Africa 译成'非洲'，非驴非马的'非'，非此即彼的'非'，大是大非的'非'？而不是斐然有成的'斐'，翡翠的'翡'，甚或斐济的'斐'呢？"[4]58

除此之外，整部诗集中还有很多这样的中英双语合成字词，如"cheer 诗"（《可畏》）、"唾 p"（"Perfect"）、jaw 猾（《起舞》）、poetry 落（《月下行》）、"a 赖夫"（"Miss Takes Taken"）、"永 ternal"、"expe 验 mentation"（《正能量》）等等。其中尤为意想不到的是，汉语不通过词形变化来传达时态，但欧阳昱的部分中英合成词为汉语词汇赋予了时态，比如"失落 st"（《月下行》）、"雨 s"（《雨 rainyu》）等。

最后一种字象诗趋于图像诗，真可谓创力无边，比如这首《魚 fish 渔》：

魚 fish 渔

魚、、、、、、、、、、、、
fiiiiiiiiiiiiiiiiiiiiiiiiiiiiiiiiiiiiiiiiiiiiish
渔、、、、、、、、、、、、[1]148

一方面，用繁体的魚、渔代替了简体的鱼、渔，还原了水的汉语构件，以此来突出鱼、渔与水的直接性关联。另一方面，如此多的点与 i，构成一种动态效果，从鱼到渔，词性上讲是从名词到动词的变化，而这种变化借助、和 i 变得直观。再如《山重水复》，这是一首中文题目，英文正文的双语诗，mountains 和 waters 最后化繁为简，成为两句字像诗："MMMMMMMMMMMMMMM/WWWWWWWWWWWWWWW"。[1]16 用 mountain 和 water 的大写首字母，非常直接、形象地表达出"山重水复"的意象。

三、拼音双语诗

欧阳昱喜将拼音或者拼音缩略语入诗，是为拼音诗。汉语拼音也被欧阳昱视为语言的一种，这在语言学上当然是有问题的，但在诗歌领域却的确可以看作是一种独特的诗歌语言。在形式上，汉语拼音看起来与英语无异；在内容上，汉语拼音却对应着表意的汉字。由此看来，汉语拼音天生具有作为一种诗歌语言的张力。

拼音是汉字的记音符号，表音而不表意，更确切地说是一音往往对应多字、多意。拼音入诗，是诗歌向声音的趋近。比如清单双语诗"Voices"，所有诗行都以 One said 起句，然后是汉语拼音的词汇或短语，最后以英文翻译收句。汉语拼音对应了诗题 voices，无论汉语读者还是英语读者，在阅读拼音时，都会发出声音。由于一个拼音往往对应多个汉字，汉语读者为了弄清楚拼音所对应的汉字，拼读时往往要多次试错，即便不读出声音，拼音所代表的汉字之音也会反复出现在大脑中。缺乏汉语拼音知识的英语读者，碰到它们时也自然会按照英语来进行试读，但两种语言发音的差异决定了这种试读必然遭到失败。此处仅摘录最后四句："One said wusuowei, past caring/One said Fuzhou, city of comforting/One said linghun zai jiao, soul calling/One said yiqie guiyu wu, everything gone to nothing"。[1]212 这样的双语诗只有拥有双语背景的读者才能真正读懂，比如 Fuzhou 对应于福州、抚州，到底是哪个呢，只有看了诗人调侃式的英语解释，才可以确定是抚州。

用拼音表达方言词汇。很多方言词汇极具表现力，十分鲜活生猛，却只有音而无字，或者说它们鲜活到还没有进入汉字书写系统。欧阳昱对这些方言词汇绝不放过，常常将他们写入诗中。"Biao"一方面表达出拼音入诗的必要性："Biao，音同标、彪、飙或飚 / 但我四十年前下放的那个村庄 / 和我六十年前出生的那个小镇 / 是这个 Biao，而不是那四个 Biao/ 汉字里没有，嘴上却动辄就说"。另一方面，也通过故事和英语传达出 Biao 的含义："故事讲到此，还是很遗憾 / 毕竟没有字，能让 Biao 字现形 / 不如干脆英文拉倒：/Shoot、shoot、shoot/ 效果跟 Biao 一样"。[1]41-42

借用同音的英语词汇来代替拼音。比如"Boo"："我对希望 boo 抱任何希望 / 我对理想 boo 抱任何理想 // 我 boo 喜欢被喜欢 / 我 boo 赞任何被赞 // 我 boo 入流 / 也 boo 想入流 // 我 boo 杀人 / 也 boo 想杀己 // 我 boo 爱 / 也 boo boo 爱 // 我 boo 在 / 故我在"。[1]43-44 英语词汇 boo 的发音是 [bu:]，是喝倒彩、发嘘声之意，和中文的"不"，音近意同，欧阳昱将 boo 代替不，一者是代替，完成"不"的表意功能，二者又平添出 boo 所具有的发嘘声的声音感、喝倒彩的现场感。

四、元双语诗与欧阳昱的生 /raw 诗论

欧阳昱有一部分双语诗，是关于诗歌的，它们可以称为元双语诗。透过元双语诗，可以一窥欧阳昱的诗歌理念。"The Philosopher/Historian/Linguist Said"是解"诗"诗，通过对"诗"字的阐释，表达出与众不同的诗学见解：

> Take poetry, too
> It is generally thought that it consists of two words
> Speech on the left and a temple on the right
> Giving the impression that poetry is about speaking
> By the side of a temple

When the fact the word si 寺 does not stand for the temple

It stands for the law, the law court, the government

In ancient times, exactly the same way ci 词

The new kind of poetry that appeared in the Song Dynasty works

For poetry is not something that you write to please yourself

Or even to please the public, the enlarged image of your self

It is a tool used to govern the people [1] 167

欧阳昱对"诗"进行了微观手术，它左边是言语的言，右边是寺庙的寺，诗给人的印象是在寺庙边上说话。但事实上，"寺"并不是寺庙的意思，而是指法度、法庭、官署。诗词常常并称，诗如此，词亦如此，"司"指的也是官署。由此看来，诗歌既不是自娱之诗，也不是娱众之诗，而是治民之诗。这只是文字游戏，还是诗人真实想法的传达，我们不得而知，因为正如诗题所说，这是"哲学家 / 历史学家 / 语言学家如是说"，这只是诗中所说。不过，欧阳昱对传统诗歌观念以及当今诗歌现状的确多有抨击、讥讽，从"bu 诗 ness"（"Things"）、"诗 ting"（"Ing"）、"结 dung 营 shit"（《Shi 坛》）等双语词汇，不难看出诗歌与金钱、诗歌与粪便之间的一致性。

欧阳昱诗论的第一要义是新。"诗歌要新得好像用外语写成。" [5] 154 "语言的突破。……这个新语，还不仅仅是'新汉语'，还必须是'新英语'，一种杂糅了英汉文字的合成品。它而且要与土语方言形成混成旅，突破普通话的大防，产生新的语流。" [7] 110 欧阳昱双语诗由简体汉语、繁体汉语、汉语拼音、英语等四种语言要素写成。"无非就是双语的双语的双语，要知道，简体和繁体合在一起，也能算是一种双语。" [7] 112-113

不像理论、非诗理论就是新、生的转义。"否定自己的诗，从而走向非诗，从没有诗意的地方（包括题材），发现诗意，摒弃一切脸熟、字熟的词语，重新走向生，像鱼一样生，像生蚝一样生，像生肉一样生，像生命一样生，这也许就是我们这一代人的当务之急、当务之诗。我要看到的，是令人不舒服、甚至不快的诗。里面的字要异军突起、异诗突起、异军突诗，里面的诗意要孤傲不驯，里面的一切都要跟写得太舒服的诗作对。" [7] 93-94 "Shengqing bingmao" 一诗就是反对陈腐之熟诗的：

Shengqing bingmao

她写了一首 shengqing

bingmao 的诗

and the poet instantly

turned that into something like this:

She's written a poem
of sound and sensibilities, both ripe [1] 208

　　这首双语诗，诗就诗在对"声情并茂"这一陈腐成语的改写，具体说来就是用英语"ripe（即与生相对的熟）"替换了"茂"，这种近义词替换妙就妙在不是同义词替换，指出了常人不易想到的诗论：声情并茂（熟）对于诗歌来说或许不是好事，反而是一种灾难，熟了的灾难。

　　与新对立的就是旧、陈，欧阳昱所说的诗歌卸妆论，指的就是对陈旧的剔除，如同《不是，而是》一诗中所说："不是装 / 而是不装 // 不是妆 / 而是卸妆 /……/ 重要的不是复杂 / 而是简单，简单到只剩一根骨"。[7] 118-119 具体说来，诗歌要消灭"的"字、消灭"般"字、消灭成语、消灭过多的形容词、消灭过多的隐喻……"Of"《Of 雨》两首双语诗就是用 of 代替"的"字。我们可以从欧阳昱仇恨在诗歌中滥用成语，来看它对新的追求："凡在诗歌中用成语而不加以改造者，我视为诗歌乃至诗人的失败、诗败。成语必须活学活用，创学创用。"[5] 34 诗人反对直接使用成语，却并不意味着他自己杜绝使用。事实上，可以在欧阳昱的诗歌中，看到大量对成语的使用，只不过那些都是被肢解了的不再完整的成语，称不上成语的成语。《成语》一诗就是双语元诗："成语，汉语的一种 / 无须在死中求死的理论 / 像法国理论那样 / 有多少人掉进福柯 / 和德里达的陷阱 / 而不自知 / 也属于 metaphorical 的驾鹤西去 / 有了成语 / 人人都能把 / 某种情境，对上号了"。[1] 53-54 诗中对此表示怀疑，并作出一个示例，在第三诗节中，把第一诗节里的"欲擒 / 故纵"改成了"yu 擒 / 故纵"。"eng"将沉默少言、深藏不露、离群索居、不屑一顾、返璞归真等成语都拦腰斩断，只留一半，诗题 eng 或许就是成语的成汉语拼音 cheng 的后半截。"有一个词叫索居 /living the solitude// 有一个词叫不屑 /beneath one's dignity"。[1] 60 这首诗印证了欧阳昱"英一汉二""英半汉全"的看法。"从语言上讲，凡是汉语讲整句话，英语只讲半句话。汉语喜欢四字结构，讲究平衡，四平八稳，一些以四字结构表达的意境或思想，其实英语里也有，但只说半句。"[4] 21《故事》一诗里有这么几句诗："故事结束的时候，我已抵达那座曾经 / 爱得死去的地方 /（请勿加'活来'这个陈腐的成语）"。[1] 73 何以如此呢？因为成语是一种语义高度凝固的短语，是一种囚牢、死物，与诗歌所追求的鲜活感、陌生感恰好相反。但恰恰是成语的这种陈腐，使它们特别适合活用、创用，创旧而出新。

　　面对别人将他误认作非母语写作者，欧阳昱如是说："我不是什么'非母语写作者'，我只是两种语言的写作者和创造者。如果真要讲什么父母的话，那汉语是我的母语，英语则是我的父语，反之亦然，真是你中有我，我中有你，你即是我，我即是你。两者互补互增，对任何一方都是如虎添翼。"[9]欧阳昱之所以坚持双语写作，总的来说是因为双语与生/raw的互生关系，具体来说有以下几个方面。

首先，欧阳昱的双语写作源自他的教育经历。外语专业背景使得欧阳昱对外语有着熟稔与敏感。大学期间就开始创作双语诗了，写于 1982 年的《伤感》："一天到晚/埋头读书/死记硬背的/最懒！//无所事事/到处游玩/with open eyes and ears/ 最勤快！"[8]278 外语显然需要大量的记忆，青年欧阳昱却对死记硬背的现象表示反感，提倡另一种生命观，即 with open eyes and ears（眼观六路，耳听八方）。表面看来这是无所事事，实则最属不易，所消耗的精力远比囿于书斋的死记硬背要多很多。双语从一开始，就不仅仅是语言层面的两种语言，而是一种就特立独行的生命精神，一种开拓视野、拓展生命的手段。

其次，移民经验对于他的双语写作的最终形成影响甚大。因为移民英语世界，他必须左脑英语，右脑汉语。《双性人》如此写自己的双语、双国处境："我的姓名/是两种文化的结晶/我姓中国/我叫澳大利亚/我把它直译成英文/我就姓澳大利亚/我就叫中国 [……] 我们 MOTHER 有个共同的特点/那就是失去了 M/我已经没有了家园/我已经建立了家园/时间再过二百年/我就是双性人的祖先"。[10]52-53 对于欧阳昱来讲，双语并不是一种值得炫耀的语言能力、知识能力，它甚至意味着流亡状态。《二度漂流》："我曾经有两只舌头/一只中文一只英文/我曾经有两颗心脏/一个东方一个西方/而如今我一无所有/唯有再度去流亡"。[11]151 欧阳昱从来都不想将自己固定在一个地方，而总是尝试在空间中游历，未定状态可能是他的最爱，他乐于做一个《X》中未知的 X："我不怕变化/我不怕重复/每变化一次我就更新/每重复一次我就深入//我是未知数/我是谜/懂英语的都知道：/我是 X"。[11]143

最后，这是欧阳昱的文化上、思想上的自觉选择。双语提供了一种思想环境。双语意味着更多的阅读思考界面。欧阳昱在小说《独夜舟》中，借小说人物樊鲺表达出双语的必要性。樊鲺提出一种"反正学"，指汉、英两种语言及文学互为反正，每一种语言就是一种世界观，当只懂一种语言时，看取世界的视角往往也是单一的。两种语言提供了两种世界观、两种视角，期间必然存在差异，而差异就是深入思考的基本条件与动力机制。外语因此具有扩展视角的功能："会一种外语，就等于是给自己的监狱设置一次永久的放风，放到风里面想回来就回来，想不回来也可以永远都不回来或仅仅只是半回来。"[12]35 值得注意的是，欧阳昱的可贵之处在于，并没有将外语视为全能，他深知每种语言都有自身的局限性，并没有抛弃汉语写作，而是站在双语的边界上，采取了不偏不倚的双语姿态。

我们需要区分作为个人的双语写作者与社会现象克里奥尔化（Creolization）之间的区别。前者是个人化的自觉选择，后者往往是群体性的、自然而然的现象。克里奥尔语是洋泾浜语基础上发展起来的较完备的一种语言，它首要地服务于日常生活，是洋泾浜语使用者后代的母语。也就是说使用克里奥尔语创作的文学作品，依旧是使用一种语言在创作，只不过那是一种混合语罢了。懂得这种克里奥尔语的读者，并不会因语言而获得陌生感、新鲜感。欧阳昱的双语写作则不然，因其高度的个人性，仍旧在用两种语言进行创作，无论中英文读者，会从语言上获得阅读的陌生感和新鲜感，也就是欧阳昱所谓的生 /raw。

欧阳昱的双语诗往往不容易解读。这源于欧阳昱对诗歌前瞻性的追求："它能早于所有文学样式，言众人所不敢言或尚未言，也不在乎是否有发表的空间，就那么一意孤行、一意诗行地自我表现出来，凸显一个时代的特征。"[5]98 正是因为这种无所畏惧的追求，使得欧阳昱的诗歌看起来"不像诗"："这个世界绝大多数诗人的诗，最大的问题就是，他们的诗太像诗了，精炼了诗意，而剔除了生命的元气。"[5]13

先锋的代价就是难懂，先锋必然是对抗畅销，对抗读者的。"我一般写诗，不考虑读者。写成什么样子，就让它成为什么样子。加之由于我的双语和双国背景，有很多东西拿来就用，放进去后也不知道读者是谁，来自什么背景，因此很难知道哪些是他们知道的，哪些不是。[……]我写诗，不求让人全面解读，总要故意留有难释的空间，令其成为诗的化石、针织顽石。从这个意义上讲，拒绝解释、拒绝被释，也是一种写诗的乐趣。毕竟诗不是群众运动。"[8]135

比如《吖尤孕》，就是一首抗拒解读的实验诗歌，第一句和最后一句是这样的："啊，王嘎，啊，王嘎，啊，王孕，王孕，王孕/……/啊魍孕，啊尤孕，啊尤孕，啊尤孕，啊尤孕孕孕孕"。[1]214-215 很难将此诗和双语诗联系起来。据诗人诗后自己解释说："我这首诗是一首声音诗。全诗基于三个字：啊王嘎，其实是英文 avant-garde 的译音。所有的字换来换去，无非是对这三个字的改写和延伸而已。"[3]325 先锋之先，与原始之生，并没有本质的区别，它们都远离了中间状态、远离了平庸，触摸到了生命卸妆（卸装）后的本真性。

回到欧阳昱经常遭遇的惊诧之问："这是诗吗？"不得不说这是个直指要害的好问题。它让所有人都陷入诗的本真性问题：当你写诗时，到底在写什么？是诗本身吗？当你在读诗时，又到底在读什么？是诗本身吗？让读诗人疑惑、写诗人恼怒的诗有它自身吗？换个高端的康德式说法，存在诗自体吗？

维柯《新科学》中关于诗的看法或许能给我们带来启示："诗性的智慧，这种异教世界的最初的智慧，一开始就要用的玄学就不是现在学者们所用的那种理性的抽象的玄学，而是一种感觉到的想象出的玄学，像这些原始人所用的。这些原始人没有推理的能力，却浑身是强旺的感觉力和生动的想象力。这种玄学就是他们的诗，诗就是他们生而就有的一种功能。"[13]158 诗是生命天生的一种功能，那"强旺的感觉力和生动的想象力"用一个字概括，不就是"生 /raw"嘛？生猛的生 /raw，生生不息的生 /raw。

参考文献

[1] Ouyang yu. *Flag of Permanent Defeat.* Waratah: Puncher & Wattmann, 2019.

[2] 欧阳昱.双语人生.华文文学.2014年第5期.

[3] 欧阳昱.微论.Kingsbury: Otherland Publishing,2019年.

[4] 欧阳昱.译心雕虫———一个澳华作家的翻译笔记.台北：釀出版，2013年.

[5] 欧阳昱.干货：诗话（上）.台北：猎海人，2017年.

[6] 欧阳昱.回译、自译及创译.华文文学.2014年第1期.

[7] 欧阳昱.干货：诗话（下）.台北：猎海人，2017年.

[8] 欧阳昱.关键词中国.台北：新锐文创，2013年.

[9] 梁余晶，欧阳昱.关于反学院、"愤怒"与双语———欧阳昱访谈.华文文学.2012年第2期.

[10] 欧阳昱.墨尔本之夏.重庆：重庆出版社，1998年.

[11] 欧阳昱.二度漂流.Kingsbury: Otherland Publishing,2005年.

[12] 欧阳昱.独夜舟.台北：猎海人，2016年.

[13] 维柯.新科学.朱光潜译.北京：人民文学出版社，2008年，第158页.

刘玉杰，文学博士，闽南师范大学文学院讲师。主要研究方向：中外比较文学、海外华人文学。

通信地址：福建省漳州市芗城区县前直街36号闽南师范大学文学院

邮政编码：363000

电子邮箱：dugu1989@126.com

欧阳昱的诗歌试验室

路 也

摘要：欧阳昱在他的诗集 *Flag of Permanent Defeat*（《永败之旗》）中，将其诗歌创作的双语混搭风格和多元文化背景发挥到了极致，同时，他在诗歌创作中的诸多"试错"行为其实具有重要的先锋意义，扩大了现代诗歌的边界和疆域，为现代诗歌写作争取了更进一步的自由和解放。

关键词：混搭；多元文化；试错；现代诗歌

Ouyang Yu's Experimental Poetry Lab
Lu Ye

Abstract： In his poetry collection "*Flag of Permanent Defeat*", Ouyang Yu has carried the bilingual "mix & match" style and multicultural background to extremes. At the same time, his writing is actually expanding the territory boundary of modern poetry by "trial and error", and getting further freedom and liberation for it. There is an important vanguard significance in this endeavor.

Key words： mix and match; multiculture; trial and error; modern poetry

阅读诗集 *Flag of Permanent Defeat*（《永败之旗》），对于我，是一个心情渐变的复杂的过程。这本诗集以海明威小说《老人与海》里出现的词组"永久失败之旗"作了书名。阅读此书的过程颇为不易，感觉作者就是那个古巴老渔夫，读者则成了那条巨大的大马林鱼，两相搏斗，永不言弃。

我认为欧阳昱是一个大搞诗歌试验的胆大妄为者。为了能够实现他个人那个完全自由彻底解放的无政府主义的诗歌理想，他竭尽全力地与诗歌传统作对，极其放肆地冒犯诗歌正统，不惜把古今中外所有诗歌的传统和正统的理念都当成陈词滥调来叛逆并且推翻。是的，为了他自己的诗歌试验室，这个有着很高的教育背景并且外表看上去颇文雅的人，愿意将原有的诗歌基因序列统统打乱，重新编排并重新改装，甚至斗胆插入一些前所未有过的新的基因片断。这个诗人放弃了一切取悦读者的可能，同时大概也包含被认可及获取世俗荣誉的可能。他宁可让别人认为自己是一个面目可憎十恶不赦的魔鬼，也不打算有丝毫妥协，他宁可以永久失败为代价也要获取个人诗歌理想的实施，他大约认为这样的失败也是完美而永恒的，值得将这样代表先锋精神的旗帜一直高举着，直到世界的末日。是的，谁也无法阻挡这样一个诗歌狂人来成就他的诗歌伟业，谁也无法阻挡他在现代诗歌写作中既狂妄自大又狂飙突进，并且完全不计代价，完全不计后果。

这一本诗集中的这些诗歌，很像是对诗歌传统和诗歌正统所进行的一场高智商犯罪。但是一路读下来，渐渐克服心理和生理上的不适之后，又开始为这个诗人的独立意志和冒险精神所折服。也许正因为有欧阳昱这类诗人和诗歌的偏执狂般的存在，才使得现代诗歌园地能够不断地接收到无比新颖甚至无比怪异的声音的冲击，让现代诗歌写作不至于昏昏欲睡而是永远保持着警醒，永不停止探索的脚步。对于欧阳昱的这些诗歌，不管是喜欢还是厌恶，读者的审美惯性都能被大大地刺激到，以至无法否认它们的生机勃勃，进而可能进一步觉察到诗歌探索的半径原来可以如此之长，诗歌探索的方向原来竟可以如此多维，诗歌探索的可能性原来竟是如此之多元以至于无限。正如居里夫人在一大堆矿物垃圾里试验了三千多次，失败了三千多次，最后才提炼出几克镭来一样，现代诗歌的前进也犹如自然科学的前进，需要有人在实验室里以身试毒，以身试放射线元素，需要有人离开既有的正确和安全的地带去不间断地"试错"，给自己犯错和纠错的机会，又在这样的也许是对莽撞行为的尝试之中进一步确认究竟什么才是正确的和有价值的。在所有文体之中，诗歌是最接近行动的，现代诗歌更是一场革命行动。现代诗歌需要有欧阳昱这样的先锋队队员和敢死队队员，走到最前面去冲锋陷阵，甚至率先行进到雷区去排雷，这样才有使队伍真正前进的可能，哪怕这前进是微小的，毕竟还是一点一点地在前进着。这个世界不能只有人在后面防守，还得有人在前面开路，这才是一个合情合理的世界。从这个意义上讲，欧阳昱这个在文本上似乎偏离轨道的诗人，何尝又不是一位对待诗歌写作极其严肃的诗人呢。

我把对这本诗集的阅读印象分成四个方面，打算从以下四个方面来分析一下这个诗人和这些诗歌是如何"先锋"或者"先疯"的。

一、英汉双语的疯狂混搭以及多文化的任性叠加

这是一本英语诗集？不是。这是一本汉语诗集？不是。这是一本汉英对照诗集？不是。这是一本英汉对照诗集？不是。这是一本夹杂了汉语的英语诗集？不是。这是一本夹杂了英语的汉语诗集？不是。那么这究竟是一本什么语种的诗集呢？嗯，好吧，这应该是一本把英语汉语完全混搭着——两种语言同时使用且平均用力——写出来的一本诗集。

有人这样写过书吗？至今没有发现。问题是，这世界上有规定说只能用同一种语言来写同一本书吗？似乎也没有规定。

把两种语言混搭着写作同一本书这件事，已经举世罕见，问题是，像这本诗集里眼下所做的这样让两种语言混搭到了如此令人发指的地步的，则只能是绝无仅有了。现在，不仅在这同一本书中英语汉语同时使用着，而且在同一首诗里面也是英语汉语

同时使用，甚至在同一个句子里也会英语汉语同时出现，而更让人匪夷所思突破底线的是，诗人有时候会在同一个英语单词里面夹进去一个汉字，有时会在汉字之中使用上英语字母，还时常会模拟着与国际音标相类似相仿佛的发音，用汉语字词去替代英语单词，用英语单词去替代汉语字词，偶尔，还会冷不丁地冒出来不知来自什么地方也许是诗人故乡湖北的方言字词发音来，混在这英汉混搭的文字里……我真庆幸诗人只能熟练使用汉语和英语这两种语言，让我得以读懂这本诗集，如果他同时还掌握葡萄牙语、韩语、希腊语、阿拉伯语、俄语、塞尔维亚语、蒙古语，那就实在太糟糕了，那对读者将是一场真正的天灾人祸，诗人定会写出一本各语种联合国混搭而成的书，整成天下第一奇书，地球人没几个能读懂。

欧阳昱的这种英汉双语混搭，并不是硬生生把两种语言生拉硬拽到一起，而是把它们有机地镶嵌在一起，属于一种天衣无缝的"合璧"。这本诗集里有一首诗，题目就叫《合璧》，似乎表达了这样的心思。在这首诗里，像文白夹杂一样，诗人汉英夹杂着说话："half 心 half 意 / 现实 shit 一样 ugly/ 我不 like 她，不能被 force 着 like/ 也不能逼着 self 去喜欢 / 只有 death 一样地睡去，才觉得 comfortable/ 外面 loud 起来 / 响动 attacted 我的 eyes……"，类似例子在这本诗集中还有很多。也许有些读者认为这样很别扭很生硬，而对于这个世界上那些不得不生活在两种语言环境里并且需要快速来回切换的人来说，这可能就是他们日常生活语言的一种常态，一种非常真实非常自然的状态，甚至在他们不发出声音来的时候，这也已经成为他们身体里的一种内部语言状态了，所以，这首诗在这里既是创作也是如实记录，确实不是硬掺和，而只是"合璧"。一些在海外生活了很多年的华人，总喜欢汉英夹杂着说话，他们如果不这样，有时候真的就无法将很多事情表达得清晰流畅，甚至如果不这样，反而成了另一种刻意和另一种不自然。其实就是不生活在国外的人，就是生活在当今中国的人，在当下这个全球化环境里，由于各种各样的原因，也难免会这样汉英夹杂地说话。我的一个生活在双语环境里的好朋友，爱喝那种加了蜂蜜的热红茶，她总是对我说："你要不要来一杯小蜜 tea？"我无法想象她硬改成对我说"你要不要喝一杯小蜜茶？"那会多么矫情，连我都受不了；同样是这个朋友，每当聊天说到康德哲学中的问题，必得汉英夹杂地去讲，每逢重要概念几乎全用英文单词，如果要求她全篇非得使用汉语来讲不可，反而成了另外一种刻意为之，那反而会把她累坏，同时可能也表达不了那么清楚了。她原本读的就是德文版和英文版的康德，如何到了谈论康德时却一定得逼着自己在心里加入一道翻译成汉语的工序呢？难道只是为了表示自己对母语不忘本？

汉语和英语，在欧阳昱的这些诗中，彼此都想从对方身上寻求新的出路，寻求更加自由的地平线。是的，它们要"译想天开"，它们要"打破新天"，这两个加引号的词语恰恰都来自欧阳昱本人，前一个是他关于自己的翻译经验的专著的书名，后一个是他翻译并编纂的中国当代诗人诗选的书名。从这两个书名可以看出，诗人老想把天空捅出个窟窿来。

再来看一首叫《落》的诗，在这首诗里，实际上举行了一场汉语和英语在组词方面的大比拼。若将两种语言放在一起进行比较，不论优劣只论特征，那么，汉语在造字上的最大特点就是一字一音并且可以单独成义，汉语的字就是词；而英语则很不相同，除了极个别的像"a""an""I"之外，基本上都要靠元音和辅音连缀而成，靠相拼来组成一个词，并被赋予意义。随便举例举到"落"这个汉字，我们可以使用这个汉字作为一个共享汉字，来组成很多含"落"的词语，而且它们的含义都是相仿的和相近的，至少也是有着某种关联的，正如《落》这首诗中分行列出来的那些：落魄、落草、堕落、寥落、落马、落单、失落、村落、落落寡合……而在英语中，无论是模拟出来的发音还是大致的内涵意义，最接近"落"这个汉字的是哪个英语单词呢？诗人在这里找到了"lose"和它的过去分词形式"lost"，尤其是后者，恰好汉字"落"的声母和英语单词"lose""lost"开头的辅音是相同的，同时恰好汉字"落"和英语单词"lose""lost"都有"丢掉"和"丧失"之义。于是，诗人把汉语的"落落"用英文写成"lost lost"，由"落落寡合"一词，他又无诗不欢地引申出了"落落寡诗"，写成"lost lost寡诗"，而"失落"一诗，同理也被他无诗不欢地运用汉字的同音异形特点故意写成了"诗落"，又进一步写成"诗lost"。在这场以"落"为例的组词大比拼中，汉语似乎完胜英语。

在这种无限制的混搭之中，诗人甚至从拼音文字中挖掘出了象形特质以及从象形文字中挖掘出了拼音特质。比如《山重水复》这首诗，除了标题使用汉语，内文部分则全是用英语写就，诗人把"mountains"和"waters"分别使用以"repeat"为词根的各种词形连接起来，它们分别是过去分词repeated，略带贬义的形容词repetitious，中性形容词repetitive，动名词repeating，而最妙的在结尾，诗人把"mountains"的首字母大写"M"用来代指山，把"waters"的首字母大写"W"用来代指水，排列成如下的样式：

M M M M M M M M M M M M M
W W W W W W W W W W W W W W　　　（ouyang. 16）

这里，M的样子，比较接近一座山的形象矗立在那里，接近汉字"山"，许多个M就是"山重"；而W的样子，则很像水波在起伏着，接近汉字"水"，许多个W，就是"水复"；还有，M和W，这两个字母在形状上，又是颠倒过来的一对相似形，互为倒影……这样一些M和这样一些W排列在一起，像不像是一排山正倒映在一道道水中？桂林山水图？诗人的这个发现是了不起的，就这样，诗人从拼音文字里发现了象形的因素，他竟然用拼音文字里的象形因素完美地解释了汉语里的"山重水复"。

象形文字和拼音文字之间，除了可以相互模拟形状，更有英汉双方相互标注彼此读音的情形发生。在欧阳昱这本诗集中，可以举出很多汉语和英语这样互相模拟对方的饶有趣味的例子。

这样的例子真是不少，这当然是由于汉语拼音标注与国际音标标注在根本上相通之故。在欧阳昱的诗中，英汉双语混搭着互相标识的情形，有时纯粹是出于读音相仿而这样做，有时则不仅仅考虑到了读音相仿，同时还可以是有意识地制造词语的某种暗示性或者语带双关。比如，"Miss Takes Taken"这首诗中有这样的句子："But I know 瓦特 that is: "，这里中间夹进去的这两个汉字"瓦特"，实际上是"what"，二者发音相近，所以就以汉语读音代替了英语读音，或者说以汉语来标注英语读音了，而"瓦特"在这里也不是只按照发音来完全随意使用的一个词，"瓦特"既是指工业革命时期的发明家，同时也是电流功率的单位名称，而联想到全诗开头的那句"不要懒惰"还有后面的"烦人的人"以及"宁做太平狗，不做乱世女人"，"瓦特"这个表达能量的词语就与全诗所要表达的内容主旨之间发生了一定的关联。这使我想起小时候刚学英语的时候，由于还没有学会国际音标，所以为了记住英语单词和英语句子的读法，就在那英语后面标注上匪夷所思并且无厘头的汉字，比如，在 Good morning 后面标注上"狗戴猫铃"。同理，反之亦然，以英语读音代替汉语读音，以英语来标注汉语读音的情况也不少，《Two 宰场》这首诗的题目以及里面的"磨刀 whore whore"，汉字的"屠"用英文单词"two"来代替读音，"霍霍"这个象声词用英语单词"whore whore"来代替读音。还有《天》这首诗里面，老天，写成"loud 天"；我的天，写成"word 天"；苍天，写成"chant 天"；瞒天，写成"man 天"……这些地方，都是用英语单词的读音来代替这个位置上原先的那一个或两个汉字的读音，那是因为这个位置上原先那一两个汉字的读音恰好与某个英语单词的读音相仿。那么，当外国人学汉语的时候，如果还没有学会汉语拼音，那么为了记住汉语的发音，也完全可以在汉语后面标注上风马牛不相及的英语吧？比如，2008 年，一个从来没有学过汉语的美国女诗人忽发奇想，想用汉语朗诵我的诗，于是她突击了一个下午，请懂汉语的人教她读那些汉字，为了记住那些汉字的发音，在每一个汉字后面，她都认真地标注上了她自己能够看得懂的英语，那英语的发音恰与那个位置的汉字发音相仿佛，比如在"蝴蝶"这个词后面，她标上了: who dear。

欧阳昱将这一类行动走到了极端，有时候他竟然在同一个汉字内部或者同一个英语单词内部大搞这种读音标注实验。"ing"这首诗里，有这样的句子："叶 are 绿 ing 水／水 is 白 ing 夜"，这里给"绿"字加上了 ing，给"白"字加上了 ing，这里怎么理解呢？理解成"叶子是正在绿着的水／水是正在变白的夜"，还是理解成"叶子是绿莹莹的水／水是白泠泠的夜"？再看另外一个例子，还是在那首"Miss Takes Taken"里，第一句："Don't be 累 zy."这里"懒惰的"的英语单词 lazy ['leɪzɪ]，有两个音节，第一个音节 la 发音是 ['leɪ]，很接近汉字的"累"，所以诗人在这里就将这同一个英语单词分成了两部分来写，第一个音节写成汉字"累"，第二个音节不变，仍写成"zy"，于是这个英语单词 lazy 就写成了"累 zy"。就这样，"懒惰的"之意的这个英语单词内部竟然出现了一个"累"字，"懒惰的"和"累"，联系在一起，略有反讽意味。同样，还是在这首诗里，另外也出现了一模一样的情况，"……of course, not my

菲 vourites"，将 favourites［ˈfeɪvərɪts］这个单词的第一个音节 fa，根据读音，写成了"菲"，诗人就这样自己制造出了一个半汉半英的词：菲 vourites。

这些汉语英语的"混搭"，既是物理反应，更是化学反应。汉英丛生，象形文字和拼音文字这两种原本相距万里的语言，经过两相对峙和两相联盟，彼此渗透进了对方的肌理和骨髓。渐渐地，双方竟佯装不知或者压根已经忘记对方是跟自己完全不同的语种了，从段落、句子、词义、读音、形状、偏旁或字母，总之从最大元素到最小元素，它们相互模拟，相互映衬，相互注释，相互激励，仿佛分成了两组的小朋友聚在一起做游戏：丢手绢、捉迷藏、老鹰捉小鸡、弹玻璃球、跳皮筋……两组小朋友越来越友好，不分彼此。

欧阳昱诗集中这些尽情玩转语言魔方的例子，似乎在印证着巴列霍的观点，当涉及诗歌语言方面，巴列霍认可诗人的个人规则而不认可集体规则，他认为只要不脱离语言的基本法则，"诗人甚至可以在一定程度上根据情况改变同一个词的字面上和语音上的结构"。

不仅有多种语言混杂在一起的情形，更有多种文化背景同时出现并任性叠加，高度压缩进同一个场域之中的情形。那首《回忆》写的大约是诗人在哈萨克斯坦参加国际诗歌节的情景，诗中写了至少十几个国家十几种文化符号里的诗人之间的交流和自说自话，内容涉及文学观念、政治、饮食、体育、金融、生态、婚俗、体制、历史、死亡……至于那首《义乌一行》写的可能是在浙江义乌参加一个国际文学活动的情形，里面以"义乌"这个地名尤其是"乌"这个汉字为轴心将想象和经验铺展开来：黑人的眼长在义乌的唇上，遇见乌干达黑人诗人，义乌是乌干达的乌，乌溜溜的黑妞义乌溜溜的，顺毛卷毛乌鬼国，乌江指义乌江，黑人把义变得更乌，雨滴虽小但单独而有力量以至胜过乌合之众即义乌合之众，爱乌及义乌……里面的地点是中国，涉及的国家多达六七个，内容涉及诗歌、艺术、性、政治、商业、自然地理、交通等等。上面这两首诗虽然都与特定的文学活动相关，但这种多元文化任性叠加在一起的情形，在哪个业界都存在着，其实是当今地球上相当一部分人士的真实生活状态。

无论是语言本身的疯狂混搭，还是文化意味上的任性叠加，结果是都把多元的语言和多元的文化高度地糅合进单一的诗歌作品里了，这个包含了这一切语言文化交响的诗歌作品便成了一个独特的存在和新的发明创造。

这种疯狂混搭和任性叠加，一定与诗人欧阳昱那中国—澳大利亚、东方—西方、汉语—英语的多元文化生存的身份和背景有关。我不知道这种现象是否是在暗示着一个久居国外的华人的身份焦虑，当然也许恰好相反，或许也是这双重身份和双重背景反而使他变得游刃有余，从两个方向上都成了一夫当关万夫莫开？其实，同时我又认为，这种身份上的混杂，只能算是导致"混搭"这种状况发生的一个十分外在的原因，真正的内在原因是在当下这个网络无处不在的星球上，我们人类即使足不出户实际上也或多或少地生活在一个杂交的文化背景里了。我一个朋友的母亲，一个生活在中国偏远乡下的八十多岁的不识字的老太太，每次接电话时都要连连对她的儿子说"OK"，而我自己的妈妈并不懂英语，却常常把"pass 了"这样词语挂在嘴边。如今，写作这本诗集的诗人很想从语言学角度，用一种夸张的放大了的形态来反映这个地球村的事实。

这是一个真正全球化的时代。这个时代既有利于一切文明资源的共享，也有利于瘟疫的传播。这是一个好时代也是一个坏时代同时也是一个不好不坏的时代，总之是一个多变的时代。这个时代的语言也不再是纯粹的，各种语言相接触，进行了不同程度的交汇之后，不可能还保持着各自的纯粹，而不相互影响，其实产生出各式各样的语言杂交品种是一种必然。随着人们母语能力和外语能力的提高，将两种以上的语言直接混合使用，将外来词通过音译挪至母语之中使用，或者从理论上反过来将母语的字音移至外语里面去使用……各种混搭情况都会越来越多。这些杂交品种，有的经过沉淀成为正规用语，有的约定俗成在日常生活中使用，在网络上大面积流行，这些现象都已经成为不可回避的客观事实。与大多数以某种单一文化为主要背景来生存的人们相比，诗人欧阳昱的生存游走于东西方文化之间，他对语言杂交这方面的体会当然更多也更深刻，而且对于像他这样一个把语言当作生存手段和工具的人来说，他的体验当然也会更加敏锐，以至深入到两种语言的内部肌理之中。

这种语言混搭和文化叠加的意义是什么呢？我想，一是出于对客观现状的诚实，表示承认和接受；二是想告诉人们：其实我们过去对于语言文化进行截然划分的那种概念化思维可以休矣，语言和文化其实都远比我们已经认识到的样子要复杂得多，尤其是在被高科技大大改变了的当下时代，它们之间的界线并没有我们以为的那么泾渭分明；三是诗人或许想透过这种完全不受限制的混搭和叠加方式来形成一种语言文化上的狂欢，进一步表达自己的某种自由意志和民主精神吧。

二、非创意的创意，非原创的原创

欧阳昱曾经提及美国的 Kenneth Goldsmith，这个人针对"创意写作"提出了"非创意写作"的理念。

因此，有人已经意识到了这样一个问题，在所有人都纷纷非"creative"不可，纷纷把自己逼上"creative"这个梁山的时候，"creative"便演变成了一种新的专制主义，于是，"uncreative"也未必不是一种新的自由、新的觉悟、新的出路、新的解放，也未必不是"creative"的一种，也许竟然可以成为一种更加放松的"creative"。或者，我们原本就应该以更宽泛更包容的态度来认识和理解"creative"这个词，"creative"里应该本来就包含着"original"和"non-original"，而后者可以是指从自己的兴趣点和兴奋点出发，借用那些早已经存在着的诗歌素材或者诗歌之外的素材，按照自我需求对它们进行复制、截取、援引或者占据，把它们当成自己的一个新的起点，新的出发点，新的突破点，并且在这些由他人创造出来的既定素材之上烙上自己的印记和见解，使得这些原本"non-original"的素材在重新利用和主观映照之下成为一种新的"original"吧。

这种被拿来使用的早已存在着的素材，其实是一种现成品，也许是由其他诗人作家创造出来的，也许是在公共领域广为流传着的，也许是从属于某种既定符号系统为众所周知的，无须加以注解的。这样的现成品出现在新的作品比如诗歌之中，实际上就使得一个诗人掌握了除原创之外的另外一种权力，即他可以对那些流行作品经典作品或者固定符号进行重新解读，他可以从个人角度出发赋予那些已被公共占有的作品、物品或符号以新的含义，他可以挖掘出一个早已被大众接受的作品背后躲藏着的另一个未引起足够注意的隐形作品。说到底，这还是一种挑衅，是对公众一成不变的认知的一种挑衅，至少也是一种由我自己来定义而不是由他人来定义什么是诗歌什么是创造的挑衅。

比如，那首《aiya，哎呀》，全篇不太短的篇幅里，从头到尾，无非是照搬了两三个日常生活中常常见到人人都说的谐音词，哎呀，爱呀，爱伢。诗人把这几个相同相似词语编排成诗行和诗节，在高度重复和无比简单的排列之中，诗人对伊伊呀呀并且酸不溜丢的虚假浪漫之风，似乎进行了嘲讽。

那首《熟了》，全篇六行诗，其实只有一行："柠檬熟了，在春天"。不知诗人从哪里听来了或看见了这么一个深情款款的句子，也许是情景写实，也许是从作者脑子里莫名其妙地冒出来的，也许是冷不丁从朋友那里或者广播里网络里忽然得来的，反正，这个句子实在算不上独创，其风格极像某类广告词的开头，又极像是青春美文里的摘句，总之是那种软性抒情篇目里经常见到的用来兴起的一个句型。诗人把这个不知从哪里弄来的既成句子一字不改地照搬进自己的诗里去，竟把它不厌其烦地重复了六遍，第一遍全用汉语，第二第三第四第五遍为汉英混杂，每次只把其中某一个汉语词语改成英语单词，具体说来，就是将"柠檬""熟了""在""春天"分别在四个句子里分四次替换成英语，到了第六遍，诗人则完全启用汉语拼音，又将这个句子拼写了一遍。这很像是代数里的排列组合，计算从 n 个不同元素中取出 m 个元素的所有排列的个数，诗人将这个简单句子里面可能包含的所有汉字与英语单词相混搭而成的方式无一遗漏地全部排列在这里了，竟组成了一首诗。这样写诗，诗人似乎是想用这种表面看去的"非独创性"来挑战人所共识的那种主流意义上的"独创性"，并且告诉我们：这样的"拿来主义"的重新发现和重新排列方式，也应该属于独创，另类的独创。这样的一首诗，它不追求意义，只是以各种显而易见的方式将语言明明白白地摆放在那里，这语言本身看上去又没有多余的外延和内涵，至少不会去发生引申或者遮盖住意义，这样的语言摆放在那里，只凸显语言本身和语言本质。这样一首六行的形式主义小诗，也许有那么一刹那，会让人发现它的精灵古怪之美。

再比如，《奥登》一诗，同样是一首汉语英语相混搭的诗，诗人在诗中提及课堂上讲到奥登，而教材作者小传里未提及这个诗人的同性恋情，于是诗人立刻将一个网址链接引至自己的诗中，这个进入诗中的网址链接，也成了一行诗；这样做是为了表明以下将要出现的内容的实际出处，他把英文网站上关于奥登同性恋情的解说原封不动地复制粘贴过来，拿来了借用了，当然他进行了简单的改造，把网上原本的散文排列方式，用回车键进行了分行处理，使其符合了诗歌样式；再接下来呢，诗人又担心有人读不懂英语，于是他进一步将已经分行排列的这段网上内容又翻译成了汉语，同样当成诗歌段落排列在后面，于是，这样几个段落都成为诗人诗中的组成部分了；最后在结尾处，诗人又此地无银地来了一句："我诗完了"，特别强调虽然我照搬了网站上的内容，可是我毕竟是在写诗啊。为了揭发教材中刻意不提某事或者刻意隐瞒某事的虚伪，诗人坚持要把公共领域里为了某种什么什么莫须有的避讳而盖起来的东西，拖到太阳底下去大大地晾晒一番，这样就对于教材编写者所代表的那个社会秩序和社会禁忌形成了一种拷问。如此写诗，也称得上一种非创意的创意，一种非原创的原创了。

再比如《苔丝：一个细节》这首诗，也属于把别处的现成品材料直接搬运进自己的诗中来的一个例子，也是一个"非创意""非原创"的典型。这里借用的是哈代接受杂志社的意见修改小说细节的史料，为了迎合有家室的读者的道德要求，把书中本来描写的一个男人将几个姑娘抱过洪水淹没的小巷这个细节，修改成了用手推车把姑娘们推过去。诗人原封不动地引用了这段史料，只是用回车键将这段史料分了行而已，诗人引用完了，这首诗也就写完了，诗人一个多余的字也没有说，没有发表任何议论。但是诗人的议论，我们似乎还是听见了的，他把一段史料从故纸堆里专门拎出来，又把它分了行排列下来，弄成了一首诗，这么隆重，为何？读者分明能感觉到这段史料的背后还有一段隐形的话语，那正是作者的议论，作者将这段史料以诗的形式摆放在这里，分明是对那种端庄得体的中产阶级道德伦理进行嘲弄。

就是这样，这种非创意的创意和非原创的原创，实际上也在强调着语境转换的重要性，一个正面事物在换了语境之后很有可能走向了它自己的反面，同一个符号在不同语境之中会展现出不同的含义和意味来。当诗人在挪用一些公共符号或者既有素材，放进自己的诗中时，其实这个行为里面往往包含了反思和抵抗的意味。

三、打破神圣—卑贱、文雅—粗俗、精英—流行的二元对立

欧阳昱的这本诗集之中，他偶尔会使用一些相对来说比较卑贱、比较粗俗、比较流行的语词和表现手法，对所谓优美、纯粹、智性的诗学形成有意无意的反拨，让已经形成了审美定势的人们感到不太舒服甚至反感。比如，诗人并不刻意回避一些跟身体内分泌和身体机能直接或间接有关的事物。在他看来，一些让正人君子避之唯恐不及的意象，一些重口味的意象，只不过是我们当下生存中的真实存在而已，是一个很

正常的组成部分。

比如："shi"这首诗，构思巧妙，尤其是对于 Pushkin（普希金）这个英译名字和汉译名字的个人化的独特理解，都是非常形象生动的。可是，诗人利用了"诗"和"屎"的汉语谐音，把二者的产生过程相提并论了，将大家公认的高贵之物与大家公认的低级之物，故意混淆，混为一谈，这简直是故意要触犯众怒。然而，这还不算罢休，最后诗人还要把李白杜甫欧阳修莎士比亚等一起打包，让这些历史上的伟大人物统统都沾上臭味，如此亵渎诗和诗人，恐怕连诗歌的仇敌都会看不下去吧。然而，打破"诗"和"屎"的界限，让它们平起平坐，一定是欧阳昱蓄谋已久的计划之一，他一定要这么干，他打定主意了。

那首"or"的后面部分，写美丽活泼充满旺盛生命力的蛆虫，正在尸体上蠕动并吸食着既甜又辣且酸的浓艳的浆汁，这样一个在现实中足以让人呕吐的景象，在诗人笔下竟被写得荡气回肠。他是打定主意要这么干的。

现代文明已经掩盖住了的那些卑贱和粗俗之物，还有精英社会不屑一顾的流行之物，都可以堂而皇之地出现在这个诗人的诗中，而且有时候诗人还以十分正面的方式来使用它们，并且放置于显要位置。诗人大约是想通过对于这些在文化符号体系里并不崇高并不优美的事物的凝视，来展现他对于现代文明中的那些负面部分的一些思考，表达对于人的异化、制度病态、社会丑陋、生态灾难和政治悲剧的个人见解。其实这种对于森严壁垒的刻意打破，是以一个人的独立思想和精神自由为基础的，所以仍然掩盖不了诗人骨子里对于艺术的神圣之感以及他所最终要追求的文雅气质和精英意识。

诗人是想刻意打破神圣—卑贱、文雅—粗俗、精英—流行之间的二元对立局面，他不相信这些概念的外延和内涵真的就那么不可调和那么势不两立。这样做的目的，最终是对主流文化和主流价值观进行消解。诗人从波普文化之中寻求灵感，或许还想在诗歌中呈现出一些朋克之风，他用简单、粗暴、明了的方式来表达自己对既定秩序的反叛，向人类的墨守成规和苟且发出挑战。诗人想用蓬勃的原欲动力对谨小慎微的安全意识以及西装革履的成功学表示嘲讽。也许在诗人看来，只有从打破这些界线开始，才会产生真正的创造，而打破这些界线，正是创造的开端。

没错，"玫瑰"和"狗屎"，作为两个词语，无论在任何一个语种里面，都是平等的，没有高低贵贱之分，"玫瑰"并不比"狗屎"更高贵，"狗屎"也并不比"玫瑰"更低贱。甚至，即使不作为词语，而是作为词语所代表的那个事物本身，它们之间也应该是平等的，如果我们硬是要按照某一部分人类的道德伦理去硬将它们划分出等级，很可能会构成对于宇宙里更高一级律法的侵犯。一些写作上的洁癖患者，实际上是写作上的不健康者，其语言文字的免疫系统很可能是过于薄弱的，一旦有社会和人性的不堪的真相犹如病毒一样侵入，那个貌似稳定的审美系统就会一下子崩溃。

当"玫瑰"和"狗屎"在诗中居于同等地位时，也许一种新的浪漫主义就产生了。

四、在戏仿和失调中寻找快乐或酸爽

欧阳昱曾经不止一次地表示过对于当下某种热衷于哭丧着脸的诗歌的反感，认为那种全无幽默感的诗歌绝不是一种健康状态。欧阳昱自己在诗歌创作中，真的是一刻也不能板起脸来真正经或假正经。为此，他有相当一部分诗歌使用了戏仿的手法，有时还让诗中所包含的诸元素之间失去协同性，故意造成失调，于是文字表达与最终所述含义往往会呈现出完全相反的方向，形成反讽的效果。

例如，在这本诗集中，有一首诗的标题叫做："Place names Hong Kong, a random sonnet list"，没错，诗人把一些中国香港的地名列进了一个表格，这样一个表格就是一首诗。表格左右方向上有四大列，分别是地名的汉语写法、地名的英语写法、地名的拼音拼法、地名字面内涵的英文释义，这样从上往下排下来的表格框，总共有多少行呢？十四行，所以诗人就称自己写的是十四行诗体啦。发源于意大利、流行于欧洲大陆、最终风行于英国且以莎士比亚创作为最高成就的格律诗十四行诗体，就这样被诗人拿来进行戏仿，不仅列了十四行，还煞有介事地列了一个表格出来，格律诗体严谨，表格则更加严谨，结果是对十四行诗体构成了反讽，与其说是向十四行诗体致敬，倒不如说是拿十四行诗体开涮。还有另外一首诗叫"Moving on"，联系内文，应该理解成"动身""离去"之意吧，我猜测作者可能是在写自己某一次动身出行，在一个春天里，离开中国远赴澳洲？对于一个往来于中澳两地甚至游走于东西方世界的地球村版本的人士来说，这样的动身远行，本不是什么稀奇之事，生活要继续，爱情要继续，时间要继续，他就要远行，而在航空业如此发达的今天，动辄上演远离故土长相思的剧情——那原是古人擅长的剧本，而不是现代人擅长的剧本——则难免显得有些矫情，一个现代主义甚至后现代主义诗人即使因离开故土而心中惆怅，也是不太好意思或者不屑于运用传统抒情方式来表达的，那怎么办？欧阳昱决定冒险使用一下以毒攻毒或者负负得正的办法，干脆百分之百地古典起来吧，一了百了地传统一下吧，于是，一首有着现代底色的诗中，忽然出现了楚辞，而且是在英文自由体式里面夹进了汉语楚辞体，英文自由诗段落与汉语楚辞段落相间，来回切换，看上去每一方相对于另一方，都是一种严重失调，其实也是相克相生，形成很明显的映照和反讽的效果。这首诗中，英文自由体和汉语楚辞体双方其实是在互相戏仿，当然，诗人的主要目的还是对古人进行戏仿，对楚辞进行戏仿。当描述到春天时，诗人选择了用英文自由体，当表达离别情绪时，诗人则选择了用汉语楚辞体，"远中国而孤独兮／净尘埃而清秀兮"，"走天下而戚戚兮／梦长夜而出世兮"，"人已走而河清兮／鹤已去而飞鸣兮"，是的，诗人远中国，走天下，人已走。这是屈原和宋玉的楚辞，同样也是欧阳昱的楚辞吧，屈原是楚人，欧阳昱同样也是楚人。这首诗中的戏仿，似乎在无意间提出了这样的问题：面对同样的生命经验时，一个西装革履的诗人跟一个峨冠博带的诗人，究竟在本质上有什么区别呢？还有，传统和现代，究竟在本质上有什么区别呢？以上两种所谓区别，对于一个先锋诗人来说，真的像隔了天堑壕沟而无法逾越吗？所以，这首诗中的戏仿，是有意义的，也是有趣的，既不可避免地又恰如其分地表达出了诗人的真情实感，同时也似乎对一个现代人的真情裸露进行了某处技术上的遮掩式处理，或许避免了一位艺术先锋和诗歌好汉的某种难以言说的尴尬吧，当然，最后，这样的戏仿，还可以提出关于艺术的某些重要问题。

说到底，这时候的诗人依然很在乎快乐与否，他想通过诗歌寻找快乐，甚至寻找一种比快乐更严重的感觉，一种出乎意料的销魂以及一种带着讥诮意味的爽意吧，也许一个网络词语可以形容这种感觉：酸爽。上帝肯定同意：快乐无罪，而且，上帝还会同意：板着脸也未必就是富有使命感。

说到快乐和酸爽，忽然想起了有一次欧阳昱在朗诵现场的情形。据我目测，欧阳昱从外观和言谈举止上看去，应该算是一个比较文雅的人，说文质彬彬也能讲得通的。当他朗诵自己的诗时，请求全屋子的听众一起有节奏地拍打桌子，跟他一起互动，全场听众就这样一起深度参与到一场诗歌的再创作中去了，每个人都成了那首诗歌的一个组成部分，全场一下子情绪热烈起来。在同一天的晚上，在酒桌上，欧阳昱又要求围坐在一起的几个人——朗读自己的诗，每个人在读诗时都被要求高高地站到自己的椅子上去……在那样的氛围里，原本有些矜持的人也一下子放松了，那个过程，可以说，是快乐的，是酸爽的。就这样，欧阳昱把他那个伟大的诗歌事业里注入了"游戏"精神，很多人都忘记了游戏之乐，忘记得实在是已经太久太久了，而真正能够游戏者，想定应该像孩子一般天然，没有功利之心。

以上四个方面，只是通过对 *Flag of Permanent Defeat* 这本诗集的阅读，对欧阳昱现代诗歌创作中所呈现出来的一些特征进行了粗略的大致的分析。这本诗集给我带来了审美冲击，而这种冲击又引发出来一些对于现代诗歌的思考和再思考。

需要补充的是，我并不认为这里面的所有试验都值得肯定，也并不认为这些试验中的每一项都注定会对现代诗歌写作起到正面的推动作用，但是，还是那个观点，总得有人去试错。试错的时候，至少可以让人眼界一开，感叹一声：哦，原来诗歌还可以这样写啊。而试错的结果不外乎有两种：一是在某些路径竖起一个"此路不通"的牌子，以警醒后来者，使后来人少走弯路；二是把路径走对了，走通了，走过去了，于是乎就拓展了现代诗歌的边界和疆域，便有后来者跟随上来，走在自由的康庄大道上。

我大约永远不会去写像欧阳昱这样的诗，但我允许别人这样写诗并且知晓这其中的意义，对这样的诗歌探索表示尊重，对这样天不怕地不怕的勇气表示佩服。

欧阳昱这本诗集中有一首《必须》，这首诗可以看成是一个先锋诗人的宣言，也可以看成是一个先锋诗人的墓志铭：

我必须是没有读者的
我才能够写得好
我才能够讲出真话

我必须是在写作时
自认为已经死了
我才能够惊世骇俗

我必须 go against the grain
哪怕到 go against the brain 的地步
一直写到，无法发表

我才能够
写出，自己想看到
而不是别人想看到，的东西

go against the grain，违背原则，格格不入，接下来只是巧妙地改动了一个字母，把"g"变成了"b"，于是又成了 go against the brain，违背大脑，跟大脑作对，跟智力作对，跟逻辑思维作对。诗人正想通过这种全方位的"go against"来为现代诗歌不间断地争得自由和解放，他想要彻底的自由和解放。

先锋的意义，不论成败；先锋的意义，在于抗争。先锋命中注定要孤独求败，然而，即使失败，也是英雄。更何况诗人自己早已打定主意：高举"永久失败之旗"或者说"以永久失败为旗"，多么倔强，多么骄傲，这其实无异于同时宣布了："人不是生来就被打败的，你可以消灭我，但你永远打不败我。"好吧，向现代诗歌的桑提亚哥致敬。

参考文献

[1] Ouyang Yu. *Flag of Permanent Defeat*. Waratah: Puncher & Wattmann, 2019.

路也，济南大学文学院教授

中澳关系视角下澳大利亚中国学发展的
不同阶段和特点

樊　琳

摘要: 研究美国中国学的文章不可枚举,但解读澳大利亚中国学的文章却凤毛麟角,鲜有关注。随着中澳关系的日益稳定与密切,了解澳大利亚中国学发展过程和特点成了非常迫切和必须的任务。中澳两国的双边关系深刻地影响了澳洲的中国学发展轨迹,为了更好地追述 1949 年后中国学的发展轨迹,必须把它置于中澳关系的视角下。澳大利亚中国学大致经历了三个阶段,每个阶段都受到了国际局势和经济因素的深刻影响,并且具备其自身发展特点。鉴于中国学的发展过程侧面地反映了两国的互动过程,以澳大利亚为例解读中国学发展阶段和特点有助于了解澳大利亚人对中国的认知和理解。

关键词: 中国学;中澳关系;阶段;特点

China Studies in Australia in the Context of Sino-Australian Relations
Fan Lin

Abstract: There are numerous essays dealing with China studies in the US but a limited number of them on China studies in Australia. With the increasingly stable and close relationship between China and Australia, it has become an urgent and inevitable task for us to know the development trajectory and characteristics of China studies in Australia. The Sino-Australian relationships exert a crucial and lasting impact on the China studies. So in order to trace the true orbit of China studies in Australia, it must be put in the context of bilateral relationships. China studies in Australia, with certain characteristics, have gone through three stages and are impacted by multiple factors including the world pattern and economic concerns. The development of China studies in Australia indirectly reflects the interaction between the two countries, so the study of it is beneficial to the understanding of Australians' knowledge and understanding of China.

Key words: China studies; Sino-Australian relationships; stage; characteristics

一、引言

澳大利亚的中国学研究在中国的学术界很少被关注。随着全球化的进程,信息流动的加速,和中国的改革开放,它开始吸引更多的注意力,并且迅猛发展。事实上,澳洲的中国学研究已经发展了一段时间了。澳大利亚国立大学是中国学研究的先驱者和领航人。早在 1970 年,就建立了"现代中国中心",这是一个主要研究 1949 年以后中国社会科学的学术性机构。更早的还有 1946 年的"太平洋和亚洲研究学院"，它是一个澳大利亚知识分子和学者与世界上的思潮、亚太地区的经济以及文化互动和交流的地方，而中国就是亚太地区的一个重要成员。随着近年来中澳关系的日益密切，人们开始注意到对于澳洲中国学研究缺乏了解是中国学术界之遗憾，也于中国不利。

回顾目前现有的研究澳洲中国学的作品，可谓凤毛麟角。笔者认为中澳两国的双边关系深刻地影响了澳洲的中国学发展轨迹，也在塑造澳洲中国专家态度以及设定研究框架方面发挥了重要的作用。事实上，为了更好地追述 1949 年后中国学的发展轨迹，我们必须把它置于中澳关系的视角下。

西方研究中国的主要原因是出于实际需要，这一观点已被普遍接受。西方的中国学起初是从研究中国哲学、历史为主开始的，同时，他们也在传播宗教信仰或者寻求政治、军事和经济利益。澳大利亚也是如此。另外一方面，我们也不能忽视一个事实，澳洲中国学也是中澳两国关系发展的必然产物。著名的中国学专家费子智（C. P. FitzGerald）就是一个典型例子。他出生在英国，但对于澳洲的中国学研究做出了巨大的贡献，他的作品也论述到了双边关系对中国学研究的影响。

二、澳大利亚中国学的不同发展阶段

回顾整个中澳关系，在很长的一段时间内，中国都被看待成一个奇怪的亚洲邻居，令人感到好奇而又畏惧。在澳洲人的眼中，中国人的形象一直在变化，澳大利亚中国学的发展历程折射出澳大利亚在不同时期自身的形象定位。将中国人视成假想敌并不是源于澳大利亚人跟中国的接触或者对中国的看法，而是源于澳大利亚人担心自己国土被外来势力入侵的一种内在的焦虑。这种澳洲心态源于其独特的地理位置和文化归属感之间的强烈冲突。虽然澳洲的近邻很多是亚洲国家，但其自身是西方国家，所以对于中国很陌生，更易于把中国当成假想敌，害怕中国侵略。然而，只有促进彼此了解才能化解由于未知而产生的恐惧。中国学研究给堪培拉的澳洲政府提供了一个文化渠道来建设它和北京之间的关系，而他们之间的关系也微妙地影响着中国学研究。在任何一个既定时期，外交关系都受到东方主义、政治和经济局势等的影响，很多澳洲人透过一种有色眼镜在看待中国和中国人，而政治经济事件迫使两国政府强调双方共享的利益，而非必定存在的差异。观察不断发展中的中澳关系和澳洲的各种出版物，可以大致看出澳洲的中国学研究经历了三个阶段。

（1）第一阶段

第一阶段从 1949 年至 1972 年，期间中澳尚未建立外交关系。在此阶段，中国学研究比较单一化，且受到了强烈的意识形态影响，客观环境并不利于中国学研究的发展。罗伯特·孟席思（Robert Menzies）仍然公开反对与中国建交，而且把中国当成潜在的假想敌。此后的保罗·哈斯勒克（Paul Hasluck）也是态度强硬。由于两国之间缺少理解和沟通，澳大利亚对中国的猜疑和畏惧导致此时期的中国研究作品多为主观叙述，而并非严谨的学术作品。鉴于当时中澳尚未建交，澳大利亚没有官方的渠道进入中国，所以这个阶段的作品很大程度依赖个人的旅游日志或者非官方代表团成员的报告。当然，也仍然有不少澳大利亚人出于对中国的好奇或对于中国悠久文化的向往而排除万难来到中国。当时获准参观中国的外国人都会受到中国外交部的统一接待，很多来华参观的澳大利亚人看到的东西都比较类似，最常见的是一些新中国取得的成果，包括干净整洁的医院，窗明几净的学校，井然有序的工厂，其乐融融的社区等。有不少澳大利亚人在亲眼目睹了这些中国建国后的成就、人民生活境遇的提高之后十分有感触，于是回国后写成了日记、见闻等。作者可能是工程师、医生，也可能是教师或者律师。

在 Timothy Kendall 博士的论文中，他提出一种可能性："整个冷战时期，澳大利亚政府使用'政治上可靠'的澳大利亚人收集关于新中国正在发生的事的信息"（Kendall, 2002: 19）。这种可能性客观存在，鉴于中澳当时并未建交，没有澳大利亚人在中国有相关的官方事务，但是由于对所谓的"中国共产主义渗透"的担心及焦虑，政府会觉得将可以信任的个人送入中国境内收集信息是可行以及可承担的。同时，由于对当时中国的恐惧，不少新闻媒体界的人选择中国香港为根据地，眺望内地，收集各种信息。事实上，澳洲派遣的非官方的代表团也有可能担负着同样的任务和职责。但是，一些由考察团团员撰写的报告或者旅游日志反而成了正面宣传中国的作用力，这也出乎政府的预料。比如：《澳洲人眼中的中国》（*China Through Australian Eyes*）一书就乐观地描述了中澳之间和平、平等的双边关系的发展和加强。在此期间，有一些对中国更加了解的学者坚持并且经常呼吁承认中华人民共和国。他们深谙要想让澳大利亚政府了解中国的政治现实以及承认中国是很艰难的事，因为官员中的大多数人从未去过中国也对中国的历史、社会情形知之甚少，因此，这种情况下，在处理问题和实施政策时，产生了巨大的分歧。

虽然此阶段的作品严格意义上来说不属于学术类作品，但仍然是早期中国学留下的宝贵资料。除此以外，也有一些比较系统的中国学作品，比如 Colin Mackerras 与 Neale Hunter 合写的《中国观察》（*China Observed* 1964/1967）。Michael Lindsay 撰写的《中国和冷战：国际政治研究》（*China and the Cold War: A Study in International Politics*）等。如上所述，当时澳大利亚的执政党对中国猜忌颇深，不愿意与中国有过多接触，对于来往中澳的人士也进行了严格的审核、监视与监控。但当时的在野党澳大利亚工党对中国态度比较积极。1971 年，工党代表团在惠特曼的带领下访问了中国，并且受到了隆重的欢迎和接待。次年，工党大选获胜，与中国正式建交。这次造访引起了多方的关注，吸引了包括澳大利亚中国学家在内很多人的眼球。费思芬撰写了《1972，和中国对话：澳大利亚工党出访和北京的外交政策》（ 1972, *Talking with China: The Australian Labor Party Visit and the Peking's Foreign Policy* ）一书专门探讨工党的中国之行。在 1949—1972 年这阶段中，中国学关注的焦点之一是毛泽东及其领导下的中国共产党。关于毛泽东的作品数量颇为丰富，他本人的个人魅力是原因之一，他在新中国的影响力则是更重要的原因。

（2）第二阶段

第二阶段是从 1972 年到 80 年代末，这个阶段无疑是中澳历史上的蜜月期。两国在 1972 年建立了外交关系。Malcolm Fraser 在职期间，澳大利亚的对华政策主要是建立合作友好的双边关系，以期抵御苏联扩张。中国则在与澳大利亚建交后，开启了一段充满浪漫色彩的关系。此后，澳大利亚的中国学研究进一步发展壮大，从单一维度扩展到了多维度的研究。研究中国的作品也呈现出多样化的趋势，不再局限于对意识形态的讨论，而是更多地关注社会、文化和其他领域。国际形势在塑造这个时期的中国学研究方面起到了重要作用，研究中国的相关人员和作品数量都有了显著的提高。随着更进一步的互相理解和联系，澳大利亚政府开始对中国发展一种更友好、信任的态度，逐渐改变的官方视角也开始影响中国学研究。另外，中美也建立了事实上的战略伙伴关系，中国开始进行改革开放。鉴于澳大利亚开始将中国看成抵御苏联扩张的盟友，而不是敌人或者威胁，中国学研究也变得更为活跃。

在这个阶段中，有不少作品是研究中国领导人邓小平的，当然原因之一是因为他跌宕起伏的人生很具有传奇色彩，而另外一个原因则是他在中国政府中举足轻重的影响力。在中国实行改革开放之后，对他本人的关注与研究也有增多的趋势。当时海内外仍然有不少人担心中国的改革开放政策会反复，所以仍然抱着谨慎的观望态度。此阶段诞生的不少作品都以研究邓小平领导下的政党政策动向为主，具有很强的现实指导意义。有人对中国的改革开放持观望态度，但也有人开始展开实际行动。当时有一些澳大利亚商人对中国这个巨大的市场产生了浓厚的兴趣，也有些具有开拓精神的商人来到中国各地寻求合作商机。但改革开放前，中国政府对于外资的介入比较谨慎，有不少商人都失望而归，但也因此诞生了一些记录中国各地社会经济风貌等的作品，为将来有志到中国投资从商的人提供一些有益的信息。改革开放实行了一段时间后，中国社会经济发展迅速，不少中国学家对于改变中的中国以及中国改革开放取得的成就给予了高度关注与客观评价。比如 Clyde Cameron 撰写的《中国共产主义和可口可乐》（ *China Communism and Coca-cola* ）。作者曾在工党中担任要职，此书基于他在改革开放初期访问中国的经历，追述了新中国的成长史，详述了中国追求现代化的决心和进程，并对中国的未来发展表示了坚定的信心。

在这个阶段，中国学研究与中澳关系都有了显著的发展。强调新中国的成就的作品有所增加，研究人员和出版作品数量都有显著提高。另外，关于东南亚的中国社区的研究也发展蓬勃，此领域的著名学者包括王赓武（Wang Gungwu）、刘渭平（Liu Weiping）、冯兆基（Edmund Fung）等。这个时期的作品包括《中国和世界》（*China and the World*）、《从畏惧到友情：澳大利亚对华政策，1966—1982》（*From Fear to Friendship: Australia's Policies towards the People's Republic of China, 1966–1982*）、《中国站起来了：结束西方存在 1948—1950》（*China Stands Up: Ending the Western Presence 1948–1950*）、《南洋华人简史》（*A Short History of the Nanyang Chinese*），都传达了积极的中国形象。

（3）第三阶段

第三阶段是 90 年代及以后时期，这是调整和持续发展时期。中国学研究见证了更多样化和广泛地成长。此阶段的中国学特点可以用"多样性、客观性、区域性"来描述。在此阶段中，澳大利亚在亚洲的多边外交活动十分活跃，地理政治决定了澳大利亚和中国的关系对保持亚太地区稳定起着关键作用。澳大利亚是亚太经贸合作组织的发起国，也是第一次亚太经贸组织会议的承办国。此阶段澳大利亚的战略目标是在亚太地区建立更广泛的区域经济合作机制，因此必须与中国合作。因为改革开放后中国的经济迅猛发展，在亚太区的影响力也与日俱增，任何不包括中国在内的区域合作机制都不完整。澳方也多次表明很重视自己的亚洲邻国，致力于探索合作前景，促进双边关系。澳洲开始给予身边的亚洲国家更多的关注和帮助。比如：1991 年，澳中理事会宣布将一半的国际经费预算投入到亚太地区。澳大利亚在亚太展开的外交活动必然要牵涉中国，而且澳大利亚也十分看好中国潜在的巨大市场，而中国也需要澳洲的矿产和能源。此阶段的研究包含了宏观政治经济情况以及区域、地区现象，越来越多的人开始关注中国的政治经济的互相影响。澳大利亚的中国学的发展也是在这样的背景下进行的。这个阶段的研究开始具备务实、有用的特点。不少作品都是以研究中国政府政策为主的，比如中国政府重点发展的西部大开发项目、三峡大坝建设等。还有不少作品关注改革开放后中国的成就和之前鲜有人关注的妇女研究等。这些在某种程度上也离不开在澳洲的中国专家们所做出的努力。

另外，此阶段也出现了不少具有华裔背景的中国学家，他们的学术研究也给汉学界带来了新鲜的血液，因为他们能为澳大利亚的汉学研究提供一些新的视角，比如陈佩华（Anita Chan）等。第三阶段的作品包括《唤醒中国：国民革命中的政治、文化与阶级》（*Awakening China: Politics, Culture and Class in the National Revolution*）、《重新思考中国省份》（*Rethinking China's Provinces*），以及 David S. G. Goodman 2004 年编辑的《中国的西部大开发》（*China's Campaign to Open Up the West*）。最后提到的这本书详尽地叙述了西部开发政策给西部各省市带来的优势。城市化过程也是中国学家非常关注的一个领域，包括生态环境、经济发展和教育资源等方面的研究。此外，由于两国的高校机构之间来往日渐增多，也促成了很多合作项目。有些中国学家亲自到中国实地考察取证，并且和当地高校的同行合作。还有些中国学家招募中国高校的相关专业的研究生协助他们进行项目研究。总体来看，中国学家们越来越注重实地取证考察，不再仅依赖文献资料。

以上三个阶段为中澳关系视角下的澳大利亚中国学的基本发展轨迹。澳大利亚中国学的价值并不仅仅体现在学术领域，它也是中澳两国文化交往的方式和基础，并且服务于特定时期的澳大利亚政治，具备了这样的认识才能更客观地来研究澳大利亚中国学。同样地，研究澳大利亚中国学也有助于了解澳大利亚的中国观和对华政策，为稳定中澳关系、促进中澳友谊做出有益的探索。

三、澳大利亚中国学发展特点

各个国家的中国学研究都有其自身特点。澳大利亚中国学发展也不例外。澳洲的中国学研究跟随着欧洲和美国的研究轨迹，而美国的中国学也曾经以欧洲为模板。尽管如此，仍然可以总结出一些澳大利亚中国学发展的特点，这些特点本身也受到了各种政治、经济等因素的综合影响。

（1）起点晚

首先，比起其他西方国家，澳大利亚的中国学起点比较晚。与其说澳大利亚开始对中国感兴趣继而发展了中国学，不如说新中国的崛起刺激了澳大利亚中国学的迅速发展，20世纪50年代开始出现文献研究。澳大利亚国立大学是该领域的先行者也是领军人物。著名的中国专家费子智与澳大利亚国立大学渊源深厚，1950年他帮助建立了国立大学的远东历史系，并且担任了系主任，预示着澳大利亚中国学研究进入了文献研究阶段。远东历史系为澳大利亚的中国学研究搭起了一个平台。

在70年代，澳大利亚国立大学就建立了"现代中国中心"，这是一个主要研究1949以后的中国社会科学的学术性的机构。大学还出版了一本杂志——《中国事务澳洲期刊》，之后蓬勃发展。1995年，期刊改名为《中国期刊》。最初创刊的目的在1979年第一期发表时写在"编者按"里：

> 首先，澳大利亚研究中国的期刊有一个明显角色需要扮演。澳大利亚对中国的关注制造了许多撰写中国的崭新的，以及经常是使人耳目一新的作品，很多都是由在中国生活工作了很多年的人最近撰写的。这些作品仅有很少一部分在澳大利亚出版，有一些根本就没出版。澳大利亚学者群体的贡献，分散在非澳大利亚出版的期刊里，在国际上更不起眼，非专家的

澳大利亚大众也看不到。(Editorial, 1979: iii)

显然，这些中国学期刊的诞生也对早期的中国学研究做出了重要的贡献。"编者按"中也提到"澳大利亚 19 所大学里的 11 所现在开展实质性的现代中国的教学和科研"（ibid，iii）。鉴于澳大利亚和中国的特殊的地理、经济和战略关系，最初的编辑成员似乎对澳大利亚大学发展中国研究十分乐观。但实际上也要获取政府的指引和支持，才能实现这个目标。

这个期刊的另外一个特点就是编辑们强调他们的目标是锁定更广泛和多样的读者群体，不仅是学术界的读者，还有半学术或者非学术界的读者。这也是期刊中包括报道、书评、回顾以及评论等栏目的原因之一。只有这样，起点较晚的澳大利亚中国学才能吸引更多澳洲大众的关注和关心。远东历史系的第一任主任费子智也同意期刊的设想，他深信他的作品既应该影响学者，也应该影响大众。另外一个重要的期刊是悉尼大学出版的《澳大利亚东方社会期刊》。根据该期刊的介绍，《澳大利亚东方社会期刊》从 1960 年起开始连续出版，是澳大利亚出版的关于亚洲历史最悠久的期刊。期刊发表文章涉及多个亚洲国家，包括中国、日本、韩国、内蒙古、柬埔寨等。期刊发行覆盖了世界范围内 85 个学术机构。

当然，也有其他的一些期刊跟上述的期刊有共同的设想。如果我们研究一下澳大利亚的中国及亚洲研究起步较晚的原因，那么语言障碍绝对是限制澳大利亚研究亚洲历史文献研究的原因之一。比如，很长的一段时间里，只有在中国社区里才能学习汉语。

随着冷战的开始和中国在区域里的战略性的提高，高校开始教授汉语，这也使得文献研究有了可能性以及必然性。从 20 世纪 50 年代至 70 年代，澳大利亚的多所大学成立了中文系。但即便出现了这些鼓舞人心的迹象，除了澳大利亚国立大学以外，其他大学仍然鲜有关于东亚历史研究的硕士及博士论文。前篇提到过，费子智被任命为澳大利亚国立大学的远东历史系第一任主任预示着文献研究的开始。他同时也是澳大利亚人文学院的创始人、澳大利亚社会科学院的院士。在费子智的带领下，远东历史系对中国学研究做出了巨大的贡献，他们雇用有才能的员工，培养了众多研究中国历史的研究生，这些研究生之后被澳大利亚各地的大学所雇用。远东历史系的研究人员研究的领域广泛，涉及考古学、现代事务、东亚以及更南的地区。

远东历史系还为研究和澳大利亚各地的访问学者提供了一个地方和平台，以便他们开展研究。有些在那里学习，有些开展研究，很多人都从中获益。比如：Beverley Hooper 是远东历史系的博士生；Michael Godley 1979 年是系里的访问学者；费孝通（Fei Hsiao-t'ung），著名的人类学家，于 1981 年作为系里的嘉宾访问了澳大利亚国立大学；Louis T. Sigel，新南威尔士大学经济系的讲师，也曾经是系里的研究人员；John FitzGerald，著名的中国学家，也是在远东历史系完成的博士学位。关于中国的作品各类都有，在小说一类中，"1965 年至 1985 年的二十年间，见证了 50 多部以亚太国家为背景的澳大利亚小说的诞生，大部分都重新评价或者摒弃了过去的印象"（Alison Broinowski, 1992: 176）。这些作品中的改变主要源于国际形势的发展，包括越南战争结束和同中国建交等。不论那个时期的关于中国的作品本身是小说类或者非小说类，都接触到了更广泛的大众读者，迫使人们思考东西方是否能够摒弃前嫌，携手将来。

（2）展现出社会科学的特点，使用跨学科研究方法

如前所述，早期大量的作品是由去过中国的个人出于兴趣或者关心而撰写的，所以并不十分专业，但他们的研究和作品填补了澳大利亚人关于中国认识的空缺，将关于中国的信息传递给了澳大利亚公众。

这些研究的目标主要是中国社会、经济、文化各方面的情形。比如：在《澳大利亚人眼中的中国》一书中，来自不同产业的人撰写了他们在中国的经历。在澳大利亚中国学早期阶段，同欧洲的中国学研究不同，人们更关注的是新中国的建立和进程。比如：费子智的大量作品都是源于对中国形形色色各方面的实地考察和观测，从中国社会到文化和思想。根据他的半自传作品，在赴云南大理前他在伦敦学习了如何开展人类学调查。他作品的内容和方法超越了普通人文学科的范围，具备了社会科学的特点。无论从质量还是数量角度来看，费子智对澳大利亚的中国学研究都做出了巨大的贡献，因为他给澳大利亚公众提供了关于中国社会和文化等各方面的信息。他的作品《中国文化简史》（*China: A Short Cultural History*）系统地向澳大利亚公众介绍了中国，而他的一些其他作品叙述了中国的方方面面。20 世纪 50 年代和 60 年代的澳大利亚公众对中国所知甚少，他的作品帮助填补了这一空缺。逐渐地，关于现代中国的工作坊以及研讨会开始频繁地、规律地举行。外事和贸易部还建立了澳中理事会，旨在增加互相交流和理解。1972 年中澳建交尤其是中国改革开放以后，澳大利亚的中国研究也发展迅速。整体来说，早期研究中国的作品很多都和中国的现实生活或者实际问题相关，也有一些采用了跨学科的研究方法。

（3）从外部招募帮手

另外一个值得关注的现象是虽然澳大利亚很多人对于中国学研究表示出了兴趣，也开始在澳洲进行研究，他们并不一定是澳大利亚出生的，也并没在澳大利亚接受教育。比如：相当一部分对澳大利亚中国史研究做出贡献的史学家并非澳大利亚本土人士，他们有些来自英国或者其他欧洲国家，也有一些澳大利亚史学家是华人或者在中国出生，他们对中国和外界世界的互动有着持久的兴趣。

之前提到的费子智也是出生在英国的人士，他也不是在澳大利亚接受的教育，他抵达澳大利亚之后，和国立大学的合作产出非常巨大，成为多产的中国学专家。在国

立大学期间，他对东南亚国家的中国社区也产生了兴趣，并且撰写了一些相关的作品。王赓武接替他担任了远东历史系的主任，也跟他拥有相同的关注和兴趣。王赓武出生在印度尼西亚，分别在英国和马来西亚的大学接受了教育，他在马来西亚和新加坡的大学教过书，1968 年前往堪培拉的国立大学担任远东历史系的教授。他是澳洲著名的历史学家之一，研究领域是中国海外移民，写了不少关于东南亚的中国社区的作品，包括《南洋华人简史》、《东南亚的华人少数群体》（*The Chinese Minority in Southeast Asia*）等。Edmund Fung 也经常出现在澳洲的中国学作品里，他在中国香港和澳洲分别学习过，之后分别在 Griffith 大学和 Monash 大学工作。他所撰写的《军事近代化与中国革命》（*The Military Dimension of the Chinese Revolution: The Role of the New Army in the Revolution of 1911*）的中文译本是很多中国历史系学生的必读书。另外，还有之前提到的 Anita Chan，她出生在中国香港，在世界上很多知名的大学工作过，1987 年开始为澳大利亚国立大学工作，她的作品主要以研究中国革命、中国农村社会和中国劳动力问题为主。澳洲的不少中国研究作品是以 20 世纪的中国为研究对象的，但也有研究其他历史阶段的作品。有些作品出自去过中国的业余人士之手，但也有来自学者的贡献。

四、总结

显然，两国的双边关系对澳大利亚的中国学研究影响深刻，因为在很多时候，政治关系和政策帮助塑造了学者的态度和视角，也设置了研究的框架。正是因为如此，研究澳大利亚的中国学必须将中澳双边关系一起考虑，而这种研究具有深刻的理论与现实意义。同时，嵌入在小说或者非小说类的作品中的叙述本身也成了一种影响政府政策制定人的力量。大多数的史学家撰写的作品成为一种声音，让大众听到除了政治家以外的一些不同意见和想法。所以，想要真实地追述澳大利亚中国学研究的发展轨迹的话，必须要在中澳双边关系的结构里进行解读，必须考虑政治环境、气候和政策，必须置入当时两国的客观现实中加以理解。

鉴于澳大利亚的中国学研究起步较晚，它起步不久就展示出了跨学科研究的特色。不少作品将现代中国社会作为研究对象，开展对中国历史的研究，但也有很多其他主题的研究作品，涉及政治经济、外交政策、社会文化等等。

无论是诞生于哪个阶段的中国学作品都是时代的产物，也都将成为文化基石，为澳大利亚制定对华政策提供有益的指导。从理论上来看，目前国内的澳大利亚汉学研究仍然处在匀速发展阶段，有必要对不同阶段的中国学研究进行有效的梳理，寻找出中国学发展的影响因素和动力，以填补国内对于澳洲中国学研究的资料不足，也对国内整个中国学研究做出有益的补充。从实践上来看，中国学的研究有助于加深中澳双方的互相理解和认识，也能对人们学习、比较和深入认识这两种文化起到一定的帮助作用。最后，中国学研究也能对人们如何认识本国文化以及异质文化、搭准世界文化发展的脉搏起到一定的启发作用。这些都是以后中国学研究瞄准的目标。

参考文献

[1] Kendall, Timothy. "Producing China: studies in narrative, representation and governance", Thesis (Ph.D.)-La Trobe University, submitted to the School of Communication, Arts and Critical Enquiry, Faculty of Humanities and Social Sciences. 2002.

[2] Editorial. *The Australian Journal of Chinese Affairs*, no 1, January,1979, pp iii－v.

[3] Broinowski, Alison. *The Yellow Lady: Australian Impressions of Asia*, Melbourne: Oxford University Press.1992.

樊琳，华东师范大学澳大利亚研究中心 / 华东师范大学国际文化学院。

澳印（尼）关系中的分离主义问题

李一舟

摘要：与印度尼西亚的两国关系是澳大利亚最重要的外交关系之一。然而多年以来，澳大利亚与印尼在分离主义问题上屡屡发生摩擦，其中，澳方尤其关注东帝汶、亚齐、巴布亚等地区的分离主义运动以及人权状况。本文试图分析澳大利亚对于这些地区分离主义运动的态度，并探讨哪些因素对澳大利亚处理两国关系中分离主义问题的策略产生了影响。

关键词：澳印（尼）关系；分离主义；东帝汶；亚齐；巴布亚

The Separatist Issues in Australia-Indonesia Relations
Li Yizhou

Abstract: The relations with Indonesia have long been considered one of the most crucial foreign relations of Australia. Frictions ofter flare up between the two countries, however, due to the separatist issues in Indonesia. Australia has been laying particular stress on the seperatist movements and human rights conditions in East Timor, Ache and Papua. This article is intended to explore Australia's attitude towards the separatist movements in Indonesia, and further examine the diverse factors which impact upon the Australian government's strategies dealing with such issues.

Key words: Australia-Indonesia Relations, Separatism, East Timor, Ache, Papua

一直以来，澳大利亚都将与印度尼西亚之间的两国关系看作是其最重要的外交关系之一。印尼国土面积广阔，是世界排名第四的人口大国，2015 年人口已超过 2 亿 4 千万（而澳大利亚人口仅为 2 千 1 百万左右），又是世界上穆斯林人口最多的国家。而这样一个大国，地理位置却与澳大利亚十分邻近——印尼拥有的 17 000 多个岛屿星罗棋布，横跨印度洋和太平洋，几乎与澳大利亚的全部北方水域接壤。印尼对于澳大利亚的重要性绝不止于地缘上的邻近。在经济上，印尼人口众多，是澳大利亚的第十大出口市场，在商业贸易方面还存在着巨大的潜力。除了直接贸易之外，澳大利亚必须通过印尼所属海域才能与整个世界开展贸易往来，因此对印尼领海有着非同一般的依赖性。印尼也是澳大利亚人非常重要的旅游度假目的地。经济之外，近三十多年来，澳大利亚在更广泛的领域与印尼开展着各种合作，包括地区安防、农业、气象、反恐等等。此外，在各种地区性国际组织（如东盟和 APEC）中，印尼也是澳大利亚的重要合作伙伴。

因此，印度尼西亚成为澳大利亚外交棋盘上的四大国之一（其余三国为美国、中国和日本）。然而多年以来，澳大利亚与印尼在分离主义问题上屡屡发生摩擦，个别争端甚至引发了两国关系的倒退。其中，澳方关注的焦点主要在于分离主义运动盛行的东帝汶、亚齐、巴布亚等地区。本文试图通过分析澳大利亚对于这些地区分离主义运动的态度，探讨哪些因素对澳大利亚处理两国关系中分离主义问题的策略产生了影响。

1. 东帝汶、亚齐、巴布亚分离主义运动背景

东帝汶问题的渊源可以追溯到殖民时代。二战前，荷兰与葡萄牙殖民势力瓜分了帝汶岛。印尼独立之后继承了荷兰占领的部分（即西帝汶），而帝汶岛的其余部分（即东帝汶）仍然为葡萄牙所占据。直至 1974 年，葡萄牙放弃其在东帝汶的殖民地，东帝汶陷入内战。而印尼政府并不希望东帝汶独立，尤其不愿意看到一个由左倾政府控制的东帝汶出现在其版图的腹地，于是在 1975 年 12 月入侵并占领了这一地区。其后，印尼军队对当地游击队的持续抵抗进行大规模的扫荡与镇压，根据相关调查报告，1974 至 1999 年间，印尼军队在东帝汶的军事占领行动直接或间接导致的死亡人数在十万人以上（Silva & Ball 1）。东帝汶人的处境成为国际社会关注的一个重要人权问题，尤其是 1991 年发生的帝力流血事件，引起了葡萄牙、澳大利亚、美国等国家的强烈反应。1998 年苏哈托下台后，在国际社会的斡旋尤其是澳大利亚政府的劝说下，印尼政府对东帝汶问题的态度开始转变，并于 1999 年同意由东帝汶人投票自决是否脱离印尼。1999 年 8 月的公投结果显示，绝大多数东帝汶人希望独立。在印尼军队的支持下，东帝汶的亲印尼武装旋即与独立派发生流血冲突，导致东帝汶局势恶化，联合国维和部队进驻该地区。在以澳大利亚为首的多国部队的努力下，骚乱得以平息，东帝汶最终获得了独立。

亚齐位于印度尼西亚最西部，是该国自然资源最丰富的省份之一，于 20 世纪 50 年代末被印尼政府赋予具有地方自治权的"特区"地位，但事实上这一自治权并未得到真正实施。70 年代开始，亚齐地区的石油与天然气资源被大量开采以赚取外汇，然而这些资源换来的收益基本都归于印尼中央政府，而并未用于发展亚齐当地的经济、改善贫困状况。1976 年，亚齐分离主义运动组织"自由亚齐运动"（GAM）领袖哈桑·迪罗宣称亚齐从未完全被荷兰殖民，因而 1949 年其被移交印尼治理是不合法的，亚齐应当独立。利用当地资源分配不均、人民生活贫困等因素，分离主义分子不断组织武装力量与印尼中央政府对抗，而印尼当局则回应以越来越严厉的镇压措施。时断时续的武装冲突造成大量平民流离失所，贫困问题日益加剧，引发人道主义危机，根据联合国 2002 年的一项调查，亚齐当地"超过 90% 的家庭已处于

贫困线以下"[1]。而印尼军队在当地的高压政策也造成了严重的人权侵害问题,激起当地民众更深的怨恨,同时引发了许多国际组织的关注与援助。2004 年大海啸发生后,受灾严重的亚齐地区得到了包括澳大利亚在内的大量国际援助,也迎来了政府与"自由亚齐运动"的停火协商,双方最终于 2005 年 8 月在芬兰赫尔辛基签署《谅解备忘录》,亚齐地区近三十年的武装冲突宣告结束。2006 年 7 月,印尼国会通过《亚齐自治法》,赋予了亚齐省地方政府更大的自治权。

巴布亚地区的分离主义运动也源于欧洲殖民主义的遗患。第二次世界大战以前,这一地区（当时称西伊里安或西新几内亚,1973 年改称伊里安查亚,2003 年被分割为巴布亚省与西巴布亚省）由荷属东印度所辖。根据 1962 年签署的相关协议,荷兰于 1963 年将该地区移交印尼接管,但其是否并入印尼,还需要由巴布亚人投票公决。此后举行的公投结果为同意巴布亚加入印尼。然而,由于投票人选以及投票过程受到印尼政府与军方的控制,这次投票饱受争议,许多巴布亚人并不接受加入印尼的决定（Drakeley 133）。巴布亚难民开始大量涌入相邻的巴布亚新几内亚（当时由联合国委托澳大利亚管理,1975 年独立）以及澳大利亚。分离主义运动"自由巴布亚运动"（OPM）逐渐兴起,印尼政府一直坚决予以镇压,确保这一运动未能取得明显成果。1998 年 7 月,印尼当局于比亚克岛射杀数十名持巴布亚"国旗"晨星旗的游行者,2001 年印尼军方特种部队士兵杀死巴布亚民族主义领袖埃吕亚,2003 年印尼政府试图将巴布亚地区划分为多个省份的政策再次引发暴乱,这些暴力事件进一步激发了巴布亚人的分离主义情绪,也增加了国际社会对巴布亚地区人权状况的关注。2004年苏西洛就任总统后,印尼政府开始逐步给予巴布亚更多的地方自治权,2014 年佐科总统上任,在巴布亚问题上采取了更多政治、经济方面的温和手段。近十几年来,巴布亚分离主义势力内部也出现了一些呼声,希望采取和平对话的方式解决巴布亚问题（丁 31）。

2. 澳大利亚对于印尼分离主义运动的态度

由于传统的历史渊源,澳大利亚的主流价值观与欧洲一脉相承,而二战后,其又长期依附追随美国,成为西方阵营的一员。因此,澳大利亚的意识形态与价值观念是西方式的,在人权问题上同样奉行西方世界的标准。同时,由于澳大利亚是一个地理上属于东方的西方国家,面对政治与经济"欠发达"的诸多亚洲邻国,澳大利亚一直为其所拥有的民主制度以及对人权的保障而具有相当的优越感,在外交上也往往以人

1　World Food Programme. "Internally displaced in Indonesia suffer from high rates of poverty, poor health: WFP survey." 2002.［EB/OL］http://reliefweb.int/report/indonesia/internally-displaced-indonesia-suffer-high-rates-poverty-poor-health-wfp-survey

权大国自居，声称"人权无国界"，对亚洲邻国尤其是印尼的人权状况诸多关注与批评。因此，澳大利亚对于印尼国内的分离主义运动总体上是同情支持的声音居多，经常指责印尼当局的军事镇压等措施是侵犯人权的行为。

但在具体的东帝汶、亚齐、巴布亚地区分离主义问题上，可以发现澳大利亚政府的态度和策略既非一视同仁，也非始终如一，人权道义的高调说教往往受制于复杂的现实状况，至少有三方面的因素产生了影响。

2.1 地缘政治考量

对亚齐、东帝汶和巴布亚等地的分离主义问题，澳大利亚虽然都予以关注，但相对而言，东帝汶和巴布亚较亚齐更受重视。这是由地缘政治因素所决定的。

从地理位置看，位于北方的印尼被澳大利亚视为其安全防卫的一个隐患，如此庞然大物（且以伊斯兰教为主要宗教），如果强大发展起来，是否会直接威胁到澳大利亚？许多澳大利亚人对此心怀疑虑。而东帝汶西部与印尼所辖西帝汶相邻，南部与澳大利亚隔海相望，是夹在两国之间的一处战略要地，其基督教为主的宗教背景又与澳大利亚相近，如能利用得当，则可成为两国之间的缓冲地带。但如果东帝汶局势持续动荡，其所造成的安全状况恶化、难民潮等问题则会间接影响到澳大利亚的利益。此外，东帝汶及其附近海域蕴藏着丰富的油气资源，作为合作开采方的澳大利亚在其中也有直接的经济利益。因此澳大利亚始终对东帝汶局势保持高度关注。

印尼巴布亚地区南接澳大利亚海域，而其东邻巴布亚新几内亚历史上曾长期接受澳大利亚的管理，也与澳大利亚联系紧密。因此，该地区对澳大利亚防务具有重要意义，澳大利亚人对于巴布亚地区的分离主义问题也较为敏感。东帝汶独立后，巴布亚问题的重要性进一步凸显出来。"在许多方面，澳印（尼）关系的未来都将受限于西巴布亚的未来"（Day 688）。著名学者杰米・麦基（Jamie Mackie）甚至将巴布亚问题列为澳印（尼）关系未来面临的最首要也最危险的问题（Mackie 12），并强调保障两国关系，需要在冷静考量澳大利亚必要的国家安全与追求改善印尼人权与民主等理想化的目标之间保持平衡（Mackie 18）。

2.2 国际局势演变

如果说地缘政治考量是澳政府对待印尼国内分离主义问题态度形成的前提，那么国际局势的变化——尤其是冷战与后冷战时期的局势变化——则更为直接地影响了澳政府在这一问题上的具体决策。这种影响在东帝汶问题上显得尤为明显。

冷战时期，澳大利亚作为西方阵营的一员，其决策多出于遏制共产主义在亚洲扩散的目的。在此背景下，印尼苏哈托政府成为了澳大利亚的重要盟友。当20世纪70

年代东帝汶危机爆发时，包括美国与澳大利亚在内的西方国家担心，如果左翼的"帝汶独立革命阵线"领导东帝汶成功独立并建国，"该地区将有可能出现一个激进的、反西方的政权"（宋 29）。因此，尽管印尼对东帝汶的入侵极具争议，其后在当地的军事镇压也陆续被媒体曝光，澳大利亚政府长期以来一直默认印尼在东帝汶享有主权。

冷战结束后数年间，澳大利亚政府对东帝汶分离主义运动的态度没有立即发生变化，由于将发展与印尼的关系作为澳大利亚最重要的双边关系之一，澳政府"在东帝汶问题上采取支持印尼的态度，并顶住来自国际社会和国内的压力，对印尼在东帝汶的大屠杀采取不批评、不干涉的做法。"（刘 18）但随着国际关系中东西方对峙的主要矛盾的消亡，印尼作为西方阵营反共盟友的重要性也在逐渐消退，西方国家开始在国际上大力鼓吹人权的重要性，东帝汶分离主义运动诉求与印尼当局高压政策之间的冲突所引发的人权问题似乎变得越来越刺目。同时，澳大利亚也从中看到了进一步介入亚洲事务，提升自身地区影响力的可能性。1998 年底开始，澳政府的态度从支持印尼转为倾向于东帝汶独立。澳大利亚积极参与推进东帝汶独立进程，并对 1999 年公投后印尼政府未能阻止东帝汶的血腥暴乱提出严厉批评，更联合美国向印尼施压，要求其同意多国维和部队进驻东帝汶。此后，澳大利亚为东帝汶维和行动提供了大量人力物力的援助，派出 4 500 人加入联合国驻东帝汶维和部队（该部队总人数约 9 000人），澳大利亚的指挥官还担任了维和部队的司令，据统计，澳大利亚为东帝汶维和及相关行动花费高达 10 亿澳元（刘 20）。应当看到，虽然澳大利亚以践踏人权为由指责印尼并转而支持东帝汶独立，其态度转变的深层次原因还是在于这一时期国际局势的变化与自身国家利益的需要。

2.3 国内多元舆论

澳大利亚政坛的观点是非常多元化的，各种发声群体都希望影响政府的外交决策，而澳大利亚内部关于印尼国内分离主义运动问题的声音也并非单一。

总体而言，一些左翼党派（如澳大利亚绿党）、基督教宗教团体以及各种人权组织对于亚齐、东帝汶、巴布亚等地区的分离主义运动和人权问题更为关注，他们往往利用媒体发声，同情甚至支持印尼的分离主义势力，并且关心从这些地区逃往澳大利亚寻求庇护的难民的权益。

学界的观点则更为分歧。例如，罗文·戴伊（Rowan Day）指出研究印尼问题的澳大利亚学者常常被分为"反印尼阵营"和"雅加达游说团体"两派，但他也认为这样的分类过于简单，实际上这些"派别"内部有着非常多样化的观点（Day 679—680）。另一项研究则将相关学者分为五类：不愿涉及政治评论的、为印尼辩护的、对印尼进行善意批评的、激进行动的以及关注第三世界国家政治与道德普遍状况的其他学者（Kalidjernih 74）。这些学者对于东帝汶、巴布亚分离主义问题的看法往往大相径庭。

而相对于民间的各种热议和激烈辩论，澳大利亚政府的态度却显得比较务实。正如澳大利亚前外交部长伊文斯所言，"嘈杂的鼓吹虽然能在情感上取悦国内民众，但是，在广泛的多边关系环境下进行系统有序的平静对话和说服往往能够取得更好的效果。"（Evans & Grant 157）对于印尼国内的分离主义运动以及相关人权问题，澳政府往往从道义上发出批评，但实际政策却十分谨慎，更注意考虑印尼政府的反应，不希望让雅加达方面产生澳大利亚鼓励分离主义、干涉印尼内政的错觉，以尽量保持两国关系的平稳。例如，澳政府在历史上采取了多种措施，以确保巴布亚难民问题不对澳印（尼）关系产生消极影响，包括：公开确认西巴布亚是印尼必不可少的一部分，与印尼当局保持密切联系，将巴布亚寻求庇护者置于国际难民法的框架之外，将巴布亚难民遣离澳大利亚，阻止在澳或巴新的巴布亚难民批评印尼，以及限制西巴布亚难民运动及人权侵害的相关信息的公开披露等（Neumann & Taylor 7）。2006 年初的巴布亚难民风波引发了印尼方面的强烈愤慨和抗议，而澳政府的应对则极其谨慎，并试图通过一系列外交与政治手段对印尼进行安抚：总理霍华德公开重申了澳方支持印尼主权的立场；随后，澳政府意图出台一项移民法修正案以确保类似情况不再发生，但因遭到国内强烈反对而未获通过（Day 684）；最终，在 2006 年 11 月签署的《龙目条约》中，两国明确约定"双方不得以任何形式支持或参与由任何个人或实体（包括在本国领土上鼓动另一方国内此类分离主义活动的个人或实体）组织的对另一方稳定、主权和领土完整造成威胁的活动"[1]。而当 2013 年类似的情况再次发生时，抵澳的七名巴布亚分离组织成员被澳大利亚政府迅速送往巴布亚新几内亚境内，"以避免与印度尼西亚的外交争端"[2]。

当然，澳大利亚政府的此类举措在国内一直颇受诟病，许多学者与民间组织经常批评政府在对印尼关系中过于软弱，为了保持所谓良好关系而漠视纵容印尼政府与军方践踏人权的行为，敦促政府采取更有力的外交措施。而当各方的批评压力积累到一定程度，出于获取更多国内民意支持的考虑，澳政府有时也不得不调整政策。20 世纪 90 年代澳政府在东帝汶问题上的态度转变，固然是由历史条件和国际局势的变化所决定的，但澳大利亚国内舆论的巨大压力也是推动这一变化发生的重要因素之一。

3. 结语

综上所述，澳大利亚国内对于印尼的分离主义运动总体上是同情的声音居多，也

---

1 DFAT. Agreement between Australia and the Republic of Indonesia on the Framework for Security Cooperation. 2006. http://www.austlii.edu.au/au/other/dfat/treaties/2008/3.html.
2 Magarey, Joel & Lauren Wilson. "W Papuans 'dumped in Port Moresby to disappear'-INDONESIAN DIPLOMACY-". *The Australian*, 2013-09-28(p.4).

澳印（尼）关系

往往从人权的角度对印尼当局打击分离主义的强硬政策颇多批评。但在具体的东帝汶、巴布亚、亚齐地区分离主义问题上，澳大利亚政府的态度和策略却比较务实，往往因地缘政治的考量而有所差异，因国际形势发展与自身国家利益的权衡而发生变化，同时也会受到国内多元化舆论的影响。

印尼长期以来饱受分离主义这一痼疾的困扰，尤其是东帝汶独立之后，印尼政府吸取教训，对分离主义运动这类触及底线的问题态度强硬，对国外给予这些分离主义运动的声援与支持也越发敏感，将之视为对印尼内政的干涉。因此，分离主义问题未来仍将是澳印（尼）关系中敏感而重要的因素之一，澳大利亚政府在应对印尼分离主义运动的问题上也会更加审慎。

参考文献

［1］ Day, Rowan. "West Papua and the Australia-Indonesia relationship: a case study in diplomatic difficulty". *Australian Journal of International Affairs*. 2015, 69(6): 670−691.

［2］ DFAT. *Agreement between Australia and the Republic of Indonesia on the Framework for Security Cooperation*. 2006.［EB/OL］. http://www.austlii.edu.au/au/other/dfat/treaties/2008/3.html.

［3］ Drakeley, Steven. *The History of Indonesia*. Westport, Connecticut: Greenwood Press, 2005.

［4］ Evans, Gareth & Bruce Grant. *Australia's Foreign Relations in the World of the 1990s*, 2nd edition. Melbourne: Melbourne University Press, 1995.

［5］ Kalidjernih, Freddy K. "Australian Indonesia-specialists and debates on West Papua: implications for Australia-Indonesia relations". *Australian Journal of International Affairs*. 2008, 62 (1): 72−93.

［6］ Mackie, Jamie. "Australia and Indonesia: Current Problems, Future Prospects". 2007.［EB/OL］. http://www.lowyinstitute.org/sites/default/files/ pubfiles/Mackie%2C_Australia_and_Indonesia_1.pdf.

［7］ Magarey, Joel & Lauren Wilson. "W Papuans 'dumped in Port Moresby to disappear' - INDONESIAN DIPLOMACY-". *The Australian*, 2013−09−28(p.4).

［8］ Neumann, Klaus & Savitri Taylor. "Australia, Indonesia, and West Papuan refugees, 1962−2009". *International Relations of the Asia-Pacific*. 2010(1): 1−31.

［9］ Silva, Romesh & Patrick Ball. *The Profile of Human Rights Violations in Timor-Leste, 1974−1999*. 2006.［EB/OL］. https://hrdag.org/publications/the-profile-of-human-rights-violations-in-timor-leste-1974−1999/.

［10］ World Food Programme. "Internally displaced in Indonesia suffer from high rates of poverty, poor health: WFP survey." 2002.［EB/OL］. http://reliefweb.int/report/indonesia/internally-displaced-indonesia-suffer-high-rates-poverty-poor-health-wfp-survey.

[11] 丁润霆.巴布亚分离主义评析.北京：外交学院硕士学位论文.2010.

[12] 刘鹏.冷战后澳大利亚对东帝汶政策的评析.《东南亚南亚研究》.2009(02)：17—21，91.

[13] 宋效峰，印尼—澳大利亚关系中的东帝汶因素.《南洋问题研究》.2006(02)：28—32.

李一舟，华东师范大学澳大利亚研究中心 研究员。

澳大利亚汉语教育的现状与面临的问题

萨出拉

摘要：澳大利亚汉语教育已经开展近50年，取得令人瞩目的成果。汉语是澳大利亚使用人数最大的少数民族语言，随着中澳经贸、社会、文化关系的加强，汉语教育将占据更加重要的地位。本文回顾了澳大利亚汉语教育的历史与现状，并审视了汉语教育所面临的困难与挑战。

关键词：汉语教育；澳大利亚研究；移民

A Preliminary Look into the Austrilian Chinese Language Education
Sa Chula

Abstract: Chinese language education has been flourishing in Australia for nearly 50 years, with significant accomplishments and outcomes. Chinese is the largest minority language used in Australia. With the momentum of economic and trade, social and cultural relationship between the two countries, Chinese language education is expected to gain increasing important grounds. This paper is an overview of the history and status quo of the Chinese education in Australia, and an analysis of its difficulties and challenges.

Key words: Chinese language education; Australian Studies; immigration

1. 引言

1972年，澳大利亚与中国建立正式外交关系。目前中国是澳大利亚最大的贸易伙伴、最大的国际留学生来源国和国际游客来源国、第二大移民来源国，和最大的海外投资来源国之一。作为一个移民国家，澳大利亚充分意识到亚洲国家语言与文化的重要性，不断推进汉语教育的开展。近50年来，澳大利亚已经在各教育层级建立起较为完备的汉语教育体系，取得了显著成效。尤其是在中国国家汉办的支持下，孔子学院和孔子课堂的建立对澳大利亚汉语教育起了巨大的推动作用。

当然，在取得成功的同时，澳大利亚的汉语教育仍有各种困难和短板。同时，以美国为首的西方反华逆流近期对孔子学院进行妖魔化攻讦，也造成了一定的阻力。本文旨在回顾澳大利亚汉语教育的发展历程和成功经验，并归纳总结目前所面临的问题和挑战。

2. 澳大利亚汉语教学历史回顾

澳大利亚汉语教学的发展有以下几个阶段。

2.1　20 世纪 70 年代前

19 世纪 50 年代来到澳大利亚淘金的华人并不在澳大利亚长期居留,大多在淘金获利后回归故里。同时,1901 年澳大利亚确立排斥华人和其他有色人种的所谓"白澳政策",导致在澳华人人数骤减。此后在澳生活、工作的华人大多从事蔬果种植、零售等行业,在唐人街集中居住,因此在当时澳大利亚白人社会并未产生学习汉语的需求。20 世纪 70 年代以前,澳大利亚的汉语教育属凤毛麟角。1961 年,仅有维多利亚州一所中学开设有汉语课程。1964 年,澳大利亚国立大学、悉尼大学和墨尔本大学开始开设汉语课程。当时亚洲语言在澳大利亚普遍不受重视,学习汉语的学生总人数仅为 118 人。(张昌柱、陈申 1994)

2.2　1970 年至 1980 年早期

随着欧洲一体化进程的萌芽,澳大利亚逐渐失去了在英国和欧洲其他国家市场的优惠待遇,于是转而开始重视经济开始起飞的亚洲国家。在 1972 年到 1975 年之间,澳大利亚开始大力推进多元文化政策,主张在澳所有民族和文化共荣共存。1971 年,澳大利亚发布《奥赫穆蒂报告》,强调印地语、日语和汉语在多元文化社会中的重要地位。5 年以后,印尼语和日语进入全国高中课程。汉语则进入除昆士兰州和塔斯马尼亚州以外的全国高中课程。

当时,澳大利亚学习汉语的学生人数远低于日语和印地语学习者的总人数。澳大利亚第二语言学习者认为汉语较为难学。当时中国与澳大利亚的关系尚不密切,父母一般也不鼓励孩子学习汉语。此外,有高等教育学历的汉语老师在中小学配备人数很低,政府的教育部门和就业机构为汉语学习项目和汉语教师提供的支持有限,已有的汉语教材主要针对高校汉语教育,同时在全国高校中缺乏衡量汉语教学效果的标准。汉语教学中到底是教普通话还是粤语、使用繁体字还是简体字等问题均未得到明确结

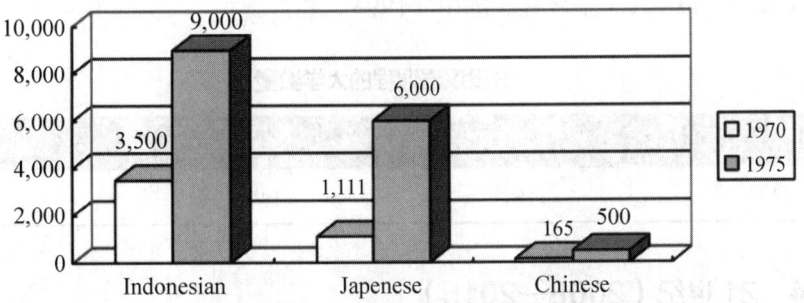

1970 年学习亚洲语言的学生人数

来源: Mackerras, Colin. 1976. "Issues and Aims in Teaching Chinese", Teaching of Chinese in Austrilia. Welch, Ian H.Ed. Canberra: Aisa Studies Coordinating Committee. P.4.

论。（Welch 1976: 19）汉语教学在澳大利亚的普遍开展尚受各种因素掣肘。

1970 年，澳大利亚政府发布《联邦关于澳大利亚亚洲语言和文化教育委员会的报告》。1981 年，开设汉语课程的大学增长到了 11 所。在此期间，高校中学习汉语的学生数量从 118 人增长到 540 人（张昌柱、陈申 1994）。

2.3 20 世纪 80 年代中期至 20 世纪 90 年代初期

1981 至 1982 年，澳大利亚经济发生衰退，澳大利亚愈发意识到移民的重要性，开始决策引入大批能够为澳大利亚带来技术、商机、业务和资本的移民。澳大利亚联邦政府在 1987 年和 1991 年相继发表了《国家语言政策》和《澳大利亚的语言：澳大利亚语言与读写能力政策》白皮书，前者强调了澳大利亚所有语言的平等性，后者强调了非英语语言对提升澳大利亚社会知识水平、文化活力和经济发展而起到的至关重要的作用，并承诺对语言教育提供资金支持（陈弘 2014）。这一时期，澳大利亚出口对象国集中于亚太地区。1985 至 1986 年，澳大利亚前 10 位的出口伙伴中，欧洲国家只有英国和联邦德国两国（魏嵩寿、许梅恋 2001）。如下图所示，在此阶段，中小学学习汉语的人数迅速增长，但中学学习汉语的总人数明显低于小学学习汉语的人数。

中小学阶段学习中文的学生人数 1988VS.1991

Year	Government Primary	Government Secondary	Independent Primary	Independent Secondary	Catholic Primary	Catholic Secondary
1988	2,390	3,734	221	2,789	2,002	159
1991	10,847	4,239	2,978	4,992	1,132	891
%change	350%	14%	1,247%	79%	−43%	463%

来源：Smith et al. *Unlocking Austrilia's Language Potential Profiles of Key Languages in Austrilia Vol.2 Chinese.* Melbourne: National Language and Literacy Institue of Austrilia. P.27.

在该阶段，开设汉语课程的大学数量增加，招生人数也明显增长，1991 年汉语专业学生人数为 2 138 人（张昌柱、陈申　1994）。

开设汉语课程的大学数量

1981 年	1988 年	1990 年	1992 年
11 所	16 所	19 所	22 所

2.4 21 世纪（2008—2015）

2009 至 2011 年，联邦政府实施《国家亚洲语言学习计划》，给澳大利亚中小学开展亚洲语言教学提供了资金支持，技术革命使得网络教学的资源变得丰富多样。同时，越来越多的学生有机会赴中国学习交流。2012 年，维多利亚州强制要求 10 年级及以下年级的学生必须学习汉语。2015 年，中小学阶段学生数为 3 694 101，其中有 172 878 名学生学习汉语，是总学生数的 4.7%，与 8 年前相比，学习汉语的人数双倍增长。（Orton 2015）。

2014 年，澳大利亚共有 40 所大学（其中 37 所公立大学，3 所私立大学），其中 32 所开设了汉语教育课程，并且与中国高校建立良好的合作交流关系（王子义 2014）。

3. 汉语学习现状

目前澳大利亚已经有 38 所高校、890 所中小学、110 所社区语言学校开设了汉语课程。

3.1 课程时间设置

➢ 1 至 6 年级，总共 350 个小时（占每年总学习时长的 5%）
➢ 7 至 8 年级，总共 160 个小时（占每年总学习时长的 8%）
➢ 9 至 10 年级，总共 160 个小时（占每年总学习时长 8%）
➢ 11 至 12 年级，总共学习 200 到 240 个小时。

学校和教育管理部门具体分配第二语言学习时间。学校、教师和学生共同决定是否在 9 到 12 年级单独开设某个第二语言课程（澳大利亚语言课程标准 2011）。

3.2 语言课程教学

3.2.1 小学阶段

不同地区和小学开设汉语教学课程的时间、针对的群体、内容和形式各异。昆士兰州的小学汉语课程主要针对第二语言学习者，新南威尔士州的小学汉语课程则有更多汉语为母语的学生。大部分小学从 4 年级或以后开始开设汉语课程。不少小学的汉语课堂不仅进行语言教学，教师也讲授中国文化知识和技能，甚至还教授中餐烹饪，以丰富多彩的趣味性活动激发学生的学习兴趣和热情。

3.2.2 中学阶段

澳大利亚公立中学的汉语教学大多采取大班教学，不同基础的学生被安排在同一个班上参加学习，以兴趣为导向，循序渐进，共同提高。而私立学校则不同，大多根据学生的程度分班，进行差异教学，重点切实加强能力培养。在新南威尔士州的 12 年级学生还开设汉语拓展课程（Orton 2008）。

3.2.3 大学阶段

澳大利亚高校汉语教育有汉语专业和汉语选修两种类型。汉语专业学生也兼修其他专业，但主修汉语和中国研究。汉语选修则面向全校，主修任何其他专业的学生均可申请修读汉语课程。汉语课程根据难度分为初、中、高等级，类型包括语言课、文化课和实践课（王子义、牛端 2014）。

3.3 教材的编写与选用

3.3.1 初、高中教材

澳大利亚汉语教育面临的一个问题是缺乏针对不同学校类型的教材（李复新 2014）。澳大利亚政府和各州政府对汉语教材没有统一的规定，各个学校可自由选择学习材料。澳大利亚政府组织编写有汉语教材，如《汉语通》《你好》《中国通》等。许多中小学和社区汉语学校仍然在使用这些教材，也有不少学校使用自行开发的校本教材，或使用中国出版的教材（王子义、牛端 2014）。

3.3.2 大学教材

澳大利亚不规定统一的大学汉语教材。不少汉语教师来自中国，因此许多大学和孔子学院高频率使用中国出版的教材，也有一部分学校使用美国出版的教材（王子义、牛端 2014）。

3.4 教师资源

3.4.1 中小学教师资源

➢ Jane Orton（2015）指出，除了西澳大利亚，澳大利亚各地的汉语教师人数充足。每年汉语教师岗位申请人数较多，但申请者的具体教学能力参差不齐，因此师资仍然是一个重要问题。

➢ 澳大利亚偏远地区的汉语教师资源则十分匮乏。一位汉语教师往往同时在几所学校上课（Orton 2015）。

➢ 汉语教师有以下几种类型

1）97% 申请汉语教师教职的是以汉语为母语的移民。中国的教育模式与澳大利亚有较大差异，这些教师往往需要一定时间的适应期。

2）母语为汉语的海外留学生。

3）汉语为第二语言的汉语教师。这类教师汉语水平参差不齐，有时班上华裔学生的语言水平反而还高于他们（Orton 2015）。

3.4.2 大学教师资源

2014 年，有学者对澳大利亚 6 所大学进行调查研究后发现，在这 6 所大学中，共有 42 名汉语教师，其中仅 8 名为本土教师，其余均来自中国。本土教师往往主要从事中国研究，汉语教学工作的参与度不高。在来自中国的 34 名教师中，有 2 名来自台湾地区。汉语教师专业主要与文化、语言相关，分布在中英文语言学、比较文学研究、文化研究、社会研究、比较教育等方向。大部分教师学历在硕士学位以上。（王子义、牛瑞 2014）。

3.5 学生情况

3.5.1 中小学阶段

➤ **母语学习者（First Language Learners）**：在中国长大，在澳完成 4 至 5 年的初高中学业，准备参加大学入学考试的国际学生。

➤ **有语言背景的学生（Background Learners）**：包含华裔家庭背景学生和从小学起在澳留学的中国学生。

➤ **二语学习者（Second Language Learners）**：将汉语作为第二语言学习、无汉语语言背景的学生。

针对母语学习者，澳大利亚单独设立了相应的汉语课程和考核程序。有语言背景的学生中，既有说普通话的，也有说方言的。在不少学校，有汉语背景的学生和二语学习者并不分班上课。其好处是有语言背景的学生能够对二语学习者提供帮助，但缺点是二语学习者成绩往往不如有语言背景的同学，这对其学习积极性产生影响（Orton 2015）。

3.5.2 大学阶段

如下图（王子义、牛瑞 2014）所示，澳大利亚大学学习汉语的学生中，华裔学生的比例各自不同。墨尔本大学采取本升硕的模式：根据本科阶段汉语学习成绩，学生可申请进入汉语专业的硕士研究生阶段学习。不少高校也借鉴这种做法，以鼓励本科阶段的汉语学习积极性，不少非汉语专业的本科生因此会尽量多选汉语课程，加大学习力度。

六所大学学习汉语的人数及华裔比例

学校	学生数（总）	学生数（分）	华裔比例
阿德莱德大学	160—190 人	一年级：70—80 人；二年级：40—50 人；三年级：30—40 人；四年级：20 人	30%—50%
澳大利亚国立大学	250 人	一年级：50 人，二年级：40 人，三年级：30 人；高级汉语课：40—50 人，广东话：30 人，古代汉语：15—20 人	67%
昆士兰大学	215 人	一年级：100 人；二年级：60 人；三年级：30 人；四年级：15 人	15%—20%
拉卓博大学	276 人		

（续表）

学校	学生数（总）	学生数（分）	华裔比例
墨尔本皇家理工大学	650 人	本科部：450 人；大专部：200 人	75%—80%
西澳大学	400—500 人		

来源：王子义、牛瑞.澳大利亚大学汉语教学的现状及思考.《海外华文教育》第 2 期，2014: P.154.

3.6 网络资源

网络电子资源极大地丰富了汉语学习的广度和深度。学生能够在课外利用网络自主开展汉语学习。网络资源也优化了汉语课堂教学，教师利用数字媒体给学生提供教学，布置作业。一些教学程序、视频和音频材料大大激发了学生的学习兴趣和动机。（Orton 2015）

3.7 交流活动

许多澳大利亚学校在中国都有对应的姐妹学校，相互开展 2 至 3 周的学习交流活动。高年级的学生至少能参加一次交流活动。中方姐妹学校的学生，也会到澳大利亚交流学习，从而和澳大利亚同学互帮互学。一些私立学校在中国甚至有自己的校区，这些学校能学生赴中国的游学时间可以长达 5 至 6 个星期。（Orton 2008）

3.8 中国政府提供与支持的项目

3.8.1 汉办

国家汉办直属国家教育部，致力于对世界各国的汉语文化教学提供资源和服务，满足汉语学习者的需求，对携手发展当地多元文化，建设和谐社会做出贡献。汉办主要涉及以下领域：在国外开展汉语教学和文化传播；建立汉语教师标准、国际汉语能力标准和国际汉语教学通用课程大纲；提供汉语教师和志愿者资源；组织汉语水平考试；实施"孔子新汉学计划"，开展中国研究；管理孔子学院奖学金，开展"汉语桥"系列比赛等重要活动；提供数字化资源。

3.8.2 孔子学院

孔子学院是为世界各国人民学习和了解中国文化建立的平台。孔子学院开展多种多样的教学和文化活动，成为各国人民学习汉语文化、了解当代社会的重要平台。孔子学院所提供的服务有：组织 HSK 考试；举办汉语桥比赛；授予奖学金；提供语言培训和文化课程；举办公共活动，如，举行讲座和讨论、中国新年庆典活动、中国文化节日等。目前澳大利亚全国共有 14 所孔子学院。

中澳共建的孔子学院在各领域开展合作，成绩令人瞩目。澳大利亚社会和民众认为，孔子学院和课堂对于汉语教育和文化教育是很有益处的，它们提供有价值的教学资源、教学人员和语言课堂。但是近年来，毫无事实根据的"中国威胁论"在西方一些国家开始炒作，在澳大利亚，一些媒体和智库也开始跟风，诬称孔子学院对于澳大利亚合作院校带来威胁（SBSnews 2019）。

2019 年 8 月 22 日，新南威尔士州教育部决定停办新南威尔士州的孔子学院，关闭 13 所公立学校的孔子课堂。中国驻澳大利亚使馆发表声明，孔子学院相关合作项目合法合规，公开透明，而且受到了民众的热烈欢迎，希望新南威尔士州政府不要将正常的文化交流政治化。

3.9 汉语教师协会

20 世纪 90 年代，各州都成立了汉语教师协会。1995 年，经过各州的努力，澳大利亚汉语教师协会成立。澳大利亚汉语教师协会的职责包括：联系各州汉语教师成为协会会员；每年 7 月份召开年会和学术研讨会；每年出版 4 次通讯，报道各个州的汉语教学活动；为汉语教师们提供讨论、研究的平台，如网络论坛等；为新教师提供培训和实习的机会；研发新教材、帮助各州开发、研制教材。（吴竖立 2010）

4. 澳大利亚汉语教育面临的困难

尽管澳大利亚汉语教育取得了显著成绩，但是目前也面临着种种困难和挑战。

4.1 教师因素

澳大利亚 90% 以上的汉语教师以汉语为母语，大部分来自中国，也有少量教师来自东南亚国家。这些来自国外的教师需要在短时间内掌握澳大利亚教育理念、课堂管理模式；对这些教师来说，由于汉语是其母语，因此较难从二语学习者的角度思考教学模式和方法（Orton 2015）。汉语为第二语言的教师在面对班尚有语言背景学生时则会感到较大挑战。

如何培养大批能够从事各级学校汉语教学的教师，是澳大利亚汉语教学所面临的主要困难。

4.2 二语学科科目竞争中，汉语课程位置不利

从 11 年级开始，澳大利亚高中生需要选择科目，作为高考预备课程。高中最后两年的平均成绩占高考总分数 50%。不同的学校会根据师资、学生报名人数等，设置外语课程。不同语种的二语教师之间处于竞争状态；有语言背景的学生和第二语言学

习者之间也面临不平等的竞争关系，而且学习汉语花费的时间比学习欧洲语言的时间要长，这些原因导致学习汉语的学生人数较少（高小平 2017）。

4.3　汉语教育实施过程中存在的问题

4.3.1　针对亚洲语言的统一课程大纲

2009 年，澳大利亚教育部门组织一批高校教师和研究人员调查和研究印尼语、韩语、日语、汉语的教学现状，研究结果对这 4 种亚洲语言教学中存在的问题进行了阐述。报告表明，整个语言教学实施过程中会面临各自独特的问题。但是在很长一段时间内，澳大利亚教育机构并未重视这些个别性问题，而是以统一的课程大纲作为语言教学的指导方针。2013 年，澳大利亚联邦政府发布汉语教学大纲，为汉语教学提供规范性指导，但是对教材的选取、方法的运用并未做出明确说明（高小平 2017）。

4.3.2　联邦层面没有设立汉语教学教研会

除了汉语教师协会，澳大利亚缺少从州、联邦的角度设立汉语教研组织进行统筹，在各州，学校之间也没有系统展开教研活动。澳大利亚高校对汉语教学的研究不足，未能将已有的汉语教学实践中的成功和失败的因素归纳、分析、提升到理论高度，指导汉语教育实践。

4.3.3　教师培训体系不完善

根据 Jane Orton 博士 2015 年发表的报告，澳大利亚的汉语教师培养培训体系不完善。大学阶段，澳大利亚大学只设置了针对欧洲语言的教学法课程，并没有为亚洲语言设立相应的教学法课程。另一方面，澳大利亚没有为来自国外的汉语教师提供有效培训，帮助他们适应澳大利亚教育体系。

4.3.4　缺乏适合本土的教材

澳大利亚本国汉语教材研究和开发较少。澳大利亚各个层次学校采取的方法是从其他国家引入教材，但这些教材不一定适合澳大利亚本国的国情。

4.3.5　考试评价标准单一

在课堂上，有汉语语言背景的学生往往容易地获得高分，二语学习者处于相对弱势。有语言背景的学生的家庭环境有利于汉语学习，而且其家长往往要求他们在节假日去社区学校补习汉语。在同样的考试中，有汉语语言背景的学生与二语学习者成绩差距较大。因此考试评价系统对于二语学习者较不公平（Orton 2015）。

4.3.6　语言课程缺乏连续性

澳大利亚的中小学各自开展自己的汉语教学，因此在地区、州和全国无法统一汉语教学进度和难度。有的小学提供很好的汉语教学课程，但是当这些学校的毕业生进入中学时，中学却没有相应的汉语课程，因此造成学习的中断（Orton 2015）。

5. 结语

澳大利亚汉语教育已经开展近 50 年，取得令人瞩目的成果。汉语是澳大利亚使用人数最大的少数民族语言，随着中澳政治、经贸、社会、文化关系的加强，汉语教育将占据更加重要的地位。一方面，澳大利亚政府对汉语教育日益重视，另一方面，中国国家汉办也提供了有力的资金和教学资源支持。澳大利亚方面应该放弃冷战思维，进一步促进汉语教育在各级学校的开展，加大管理和支持力度，加强与中国和澳大利亚华人社群的合作，为澳大利亚培养大批熟知汉语、通晓中国文化的人才。

———————— 参考文献 ————————

[1] Australian Curriculum Assessment and Reporting Authority. *The Shape of the Australian Curriculum*. 2011.

[2] Australian Government Department of Education. *The Current State of Chinese Indonesian, Japanese and Korean Language Education in Australian Schools Four Languages, Four Stories*. Canberra: 2010.

[3] Gil, Jeffrey. What are Confucius classrooms and why are they being reviewed in NSW. SBS News. 2019-08-23.

[4] Orton, Jane, The Current State of Chinese Language Education in Australian Schools. Melbourne: The University of Melbourne, 2008.

[5] Orton, Jane, Building Chinese Language Capacity in Australia. Sydney: Australia-China Relations Institute, 2015.

[6] Welch, Ian H. ed. "Report of Discussion". Teaching of Chinese in Australia. Canberra: Asia Studies Coordinating Committee, 1976.

[7] 陈弘. 澳大利亚的语言教育政策和双语教育实践研究. 外语教育理论与实践.2014(04): 55—59.

[8] 高小平. 海外汉语教学中的文化因素：以澳大利亚汉语课堂为例.汉语国际传播研究.2017(01): 37—156.

[9] 郝亚琳. 澳大利亚新南威尔士大学与上海交通大学庆祝战略合作十周年.新华网，2019-02-20.

[10] 贺李. 澳大利亚中小学的中文教学.上海，华东师范大学硕士学位论文，2011.

[11] 李复新. 澳大利亚汉语教学与教材的现状与展望.第十二届国际汉语教学研讨会论文选.2015: 25—31.

[12] 王子义、牛瑞.澳大利亚大学汉语教学的现状及思考.海外华文教育.2014(02): 153—159.

[13] 魏嵩寿、许梅恋.经济全球化中的澳大利亚经济发展趋势.南洋问题研究.2001(03): 24—29.

[14] 吴竖立.澳大利亚中文教师联会简介.世界汉语教学学会通讯.2010(01): 30.

[15] 张昌柱、陈申.澳大利亚中文教育概况.世界汉语教学.1995(04): 107—109.

萨出拉，华东师范大学澳大利亚研究中心助理研究员

安徽大学
大洋洲文学研究所
**Oceanic Literature Research Institute,
Anhui University**

安徽大学大洋洲文学研究所成立于 1979 年，是中国最早从事大洋洲文学研究的学术机构。其研究领域主要包括澳大利亚文学研究、新西兰文学研究和南太平洋岛国文学研究。马祖毅教授为安徽大学大洋洲文学研究室（安徽大学大洋洲文学研究所的前身）的创始人。从 20 世纪 90 年代开始，陈正发教授和张明教授先后担任研究所所长。目前，詹春娟副教授任大洋洲文学研究所所长，中国澳大利亚研究会副会长。研究所现有 9 名专职教师、4 名荣誉顾问和十余名澳大利亚文学方向的研究生。

大洋洲文学研究所一直以文学研究为特色，以推动和促进中国与大洋洲地区文化交流为宗旨，开展了一系列学术和科研活动。早在 20 世纪 80 年代初，在创始人马祖毅教授的带领下，研究所正式创刊《大洋洲文学丛刊》，对大洋洲地区文学进行全面的译介。从 80 年代到本世纪初，《大洋洲文学丛刊》先后发行了将近二十辑，不仅开创了国内此类研究的先河，也对大洋洲文学研究的发展做出了重要贡献。如今，《大洋洲文学丛刊》已更名为《大洋洲文学研究》，并于 2014 年正式复刊，每年出版一辑，成为国内大洋洲文学研究者的重要学术交流平台。此外，研究所成员还出版了与大洋洲文学研究相关的大量论文、专著和译著。研究所出版的著作有《南太平洋文学史》《大洋洲文学选读》《二十世纪大洋洲文学研究》等，译著有《无期徒刑》《瞭望塔》《榕树叶子》等。

在对外交流上，研究所与国内澳大利亚研究机构、大洋洲研究中心等保持着密切的联系，定期举行学术交流活动。研究所成功举办了第八届国际澳大利亚研究学术研讨会（2002）、"2015 中国澳大利亚文学学术研讨会"等活动；自 2014 年开始，研究所每两年举办一次"安徽大学大洋洲文化周"活动，积极传播大洋洲文化；此外，研究所还积极与澳大利亚、新西兰和南太平洋岛国等高等院校、机构、组织合作和交流，大力支持研究生和教师去大洋洲地区的高等院校进行访学，并邀请澳新学者、作家来研究所讲学和交流。

澳大利亚驻上海总领事梅耕瑞先生访问大洋洲文学研究所

澳大利亚前驻华大使孙芳安女士访问大洋洲文学研究所

大洋洲文学研究所现任所长
詹春娟女士

大洋洲文学研究所第一任所长
马祖毅先生

大洋洲文学研究所第二任所长
陈正发先生

大洋洲文学研究所第三任所长
张明先生

联系方式

通信地址: 安徽省合肥市经开区九龙路 111 号安徽大学外语学院大洋洲文学研究所

中心网页: http://olri.ahu.edu.cn

电子邮箱: olriahu@163.com

本辑澳研学人

马祖毅，字士弘，号惠庵，1925年8月生。原籍江苏建湖。上世纪40年代迁居苏州东洞庭山。幼读私塾，14岁学写旧体诗，创作不辍。中学时代，在苏、沪报刊上发表新诗和散文，并协助《苏州明报》编文艺副刊《蓇菲》。1947年高中毕业后与中共地下组织取得联系，做一些外围工作。1949年6月入苏南公学学习。8月下农村参加土地改革运动，两年后调入工厂工作。1954年以调干身份考入复旦大学外文系，毕业分配至安徽高校执教。现为安徽大学教授、中国作家协会会员、瑞典皇家艺术学院荣誉博士。曾任硕士研究生导师、安徽省外国文学研究会会长、太白楼诗词学会副会长、中国译协理事、大洋洲经济研究会理事、中国澳大利亚研究会常务理事、安徽省政协第六届委员等。

马祖毅教授从20世纪70年代末开始从事大洋洲文学研究，开创了国内大洋洲文学研究的先河。1974年他在安徽大学创建大洋洲文学研究室（现改所），主编"大洋洲文学丛刊"共17辑。他与澳大利亚作家休·安德森合编《澳大利亚文学作品中译本书目》（英文，在澳出版），又与画家汪涛共同推出"大洋洲诗中国画"项目，组织翻译大洋洲109位诗人的143首诗篇，由汪涛配中国画143幅，先后在合肥、上海（澳驻沪总领馆主办）、北京（澳驻华大使馆主办）和新西兰展览。他的代表性译作有澳大利亚长篇《无期徒刑》和《瞭望塔》（皆合作）、西萨摩亚长篇《榕树叶子》（合作）、美国长篇《兔子归来》（合作）、意大利长篇《芳丹玛拉》、越南短篇集《面包树》等。此外，他著有《英译汉技巧浅谈》、《英语常用同义现象表达手法》、《中国翻译简史（五四以前部分）》（收入中国文库）、《中国翻译通史》（主撰），《汉籍外译史》（合作）、《听色见声集》、《东调西腔集》、《皖诗玉屑》、《皖诗钩沉录》、《惠庵诗话二种》、《求得一斋诗存》、《啸风楼译稿》、《漱石吟草》、《击缶小唱》、《四爱居韵语》、《碧玉轩杂咏》、《皖韵形声录》、《摄影配诗集》等。他还参加编写《中国翻译家词典》、《中国翻译词典》。目前他已离休，享受国务院政府津贴待遇。

《澳大利亚文化研究》稿约

　　《澳大利亚文化研究》是一本综合性的学术研究论丛，收集关于澳大利亚文学、文化、语言、历史、哲学、经贸、政治、外交等学科的中英文研究文章，为从事澳大利亚问题研究的学者提供交流学术成果的园地，以适应我国日益深入的澳大利亚研究的需要。

　　本研究论丛目前暂设"学者访谈"、"作家作品"、"文坛纵览"、"社会文化"等栏目，还会根据实际需要增加"理论前沿"、"作家谈文学"、"好书共享"等栏目，此外还特设"澳研中心一览"与"澳研学人"，向读者介绍国内有影响力的澳大利亚研究中心与澳研学者。

　　本研究论丛欢迎全国各地从事澳大利亚研究的学者批评指正或来函来稿，中文稿件以 8 000 字左右为宜，英文稿件宜不超过 6 000 英文单词。来稿请用 word 软件编辑，第一页请附作者简介，包括作者姓名、性别、年龄、工作/研究单位、职称、研究领域及近期成果、联系方式。中文稿件应包含标题、摘要、关键词、正文、参考文献等部分。文中若引用前人研究成果，请用文内夹注的方式标注文献来源，不用脚注。夹注中所引用或参考的文献，应在文后"参考文献"部分详细列明，一般应包含作者名、文章名、文章出处（如报刊、文集等）、出版社、出版时间、版本、页码等，网络文献应该标注链接地址，"参考文献"宜详尽准确，以便读者可据此追溯该文献所引原文。英文文献格式参考 MLA，中文文献参考《外语界》格式。

　　本研究论丛接受电子邮件投稿，不必另行寄送打印版稿件，稿件请发送至 adlywhyj@163.com，请在邮件标题中注明"澳大利亚文化研究稿件"。

编辑部主任： 周小进
电 子 邮 箱： adlywhyj@163.com
地　　　址： 上海市松江区文翔路 1900 号
邮　　　编： 201620